寻找中国

BEYOND SHANGHAI

［美］哈罗德·师克明 著

殷鹏 译

李辉 主编

海天出版社（中国·深圳）

据说……

据说，石狮能够驱赶妖魔鬼怪。这座石狮和它的同伴正守卫着普陀山的寺庙。

运河边

水边的这座建筑是一个布商的仓库。杭州离这里两英里。去杭州的途中风景优美,足以让一个画家忙碌数年。

中国的夜晚

中国夜色的美只可意会,无法言传。人们必须通过想象才能够感受到东方神秘而深沉的精神……

我的房东

我在安庆的房东正在算账。圆形门廊上方文字的意思是旅馆。旅馆位于中心地带,服务良好。

斗蟋蟀

两只蟋蟀被放入一个小碗中迎面搏斗。人们会用稻草引斗它们，随后它们变得"无比疯狂"，直至其中一只被征服。胜者会得到欢呼。

影子

在中国沿海中部的一座寺庙里,树木茂盛。白墙上的树影在我脑海里留下了难以磨灭的印记。

盲人乞丐

盲人乞丐结伴行动——这景象令我大受触动!

1922年版封面

Beyond Shanghai

By
HAROLD SPEAKMAN

With eight illustrations in
full color from paintings by
THE AUTHOR

THE ABINGDON PRESS
NEW YORK   CINCINNATI

扉页

Copyright, 1922, by
HAROLD SPEAKMAN

Printed in the United States of America.

版权页

其他版本封面

其他版本封面

其他版本封面

其他版本封面

触摸历史,在别人的亲历中

——"寻找中国"丛书总序

我爱藏书,尤爱收藏西方人所写关于中国的书。站在书架前,一本本中国亲历记,排列成行,穿过百年云烟,与我面对。

岁月沧桑,一代又一代西方人走进中国。传教士、探险家、旅行家、考古学家、商人、外交官、记者、作家、画家……每个人都有自己的中国想象,每个人都有自己的中国故事。他们伴随中国历史前行,甚至参与中国历史的创造。种种不同的体验与叙说,让曾经神秘的中国,渐渐变得清晰,变得具体,变得不再陌生、不再遥远。

走进中国,发现中国,是西方人的亲历记,更是中国融入世界的行程。

最初走进中国的西方人中间,影响最大的无疑是意大利旅行家马可·波罗,他在中国生活将近20年。大约在1271年启程东方时,他当然不会想到,会是他写出第一本亲历中国的书。研究马可·波罗的西方学者发现,在中国游记中,马可·波罗最爱使用的一个形容词是"伟大"。毫不奇怪,一个来自地中海威尼斯的旅行家,走在杭州、苏州……一个个江南重镇的繁华,必然留给他深刻印象。他不止一次来到长江边,注目滚滚而去的江水,发出如此感慨:"这条河流流程如此之长,穿过了如此多的地区和城市,江中来来往往的船只是如此之多,运送的财富和货物是如此之多,实际上比基督教世界所有河流和海洋加在一起还要多!"马可·波罗到底是位意大利人,天生具有与众不同的浪漫。他以艺术家一样的浪漫,渲染着中国印象。在风靡一代又一代的游记中,他呈现的是一个辉煌、壮观、充满诗意的东方古国。

在马可·波罗之后，更多西方人追随他相继走进中国。

最早、最大的一个群体，是纷至沓来的传教士。

著名的利玛窦走进中国。他也是意大利人，成为最早在中国获得永久性居住权的传教士之一。这位耶稣会的传教士，为了赢得中国人的信任，第一个穿起中国士大夫的服装。他掌握数学和天文学知识，能绘制地图。他很乖巧，或者说他很能理解和迎合中国人的观念，他绘制的一幅世界地图，就把中国标在中央位置。

著名的汤若望也走进中国。这位德意志耶稣会的传教士，在北京城观象台的房子里，观天象，研习历法。汤若望颇受清朝顺治皇帝的青睐，他向顺治皇帝进呈自己制作的浑天星球、地平日晷、望远镜，这些西洋物令人耳目一新。汤若望成为官中常客。在顺治皇帝眼里，这位西方人真像一部活字典，上知天文下知地理。汤若望被委任为钦天监监正，并赐二品顶戴，是最早在中国官廷中担任要职的西方人。在17世纪英国出版的关于中国的书籍中，顺治皇帝出现在插图中，他被说成是"欧洲化的皇帝"。

商人几乎伴随传教士联袂登场。大海上，商船来往穿梭，运来西方的香料、珠宝，运走中国的瓷器、茶叶。随之，矛盾与冲突，战火与侵略，不可避免地发生。从此，一个曾经被马可·波罗高度浪漫化的中国，一个长期自尊、自大、封闭的古老帝国，在东西方观念的冲撞中、在现代与传统的相互渗透中、在开放与封闭的替换中，开始了艰难痛苦的历史行程。

这是一个漫长的行程，为走进中国的西方人，提供能够发挥他们各自作用的历史大舞台。舞台之上，戏剧上演，不同主角轮流亮相，各显身手，各领风骚。

19世纪后半叶，随着电话、电报、报业、出版业的突飞猛进，随着航运、火车、航空的革命性变化,世界对中国的关注越来越多,走进中国的西方人也越来越多。于是,世界各国关于中国的图书出版,渐趋潮流。那些走进中国的西方人,具有得天独厚的条件,他们的目击、回忆、叙述,使得他们成为最好的作者人选。他们生活在中国,旅行在中国,时间或长或短,介入的领域互有差异。无论如何,他们俨然已是中国社会的新面孔,已是民众日常生活的一部分。他们走进中国,你中有我,我中有你,难分彼此。正因为如此,他们的亲历记,完全可以看作是中国历史行程本身不可或缺的一部分。

叙述中国故事的这些作者,身份不同,经历不同,却以笔下的记录、老照片、绘画等,留存百年之前中国的方方面面、点点滴滴。中国之行,带给他们的新鲜感总是令他们难忘,灵感呼之欲出。他们的笔下,中国人与社会生活的相互交融,中国人与山川万物若即若离的对应关系,得到不同形式的叙述。

在别人的亲历中，我们可以触摸中国历史——人物，故事，场景，细节……

转眼百年，诸多景象已经消失，社会生活的变迁也远远超出我们的想象。我想，何不策划一套"寻找中国"翻译系列，让我们在百年之前的作品里，重温远去的场景；在诸多生活细节里，感受不一样的世界。对于今天而言，诸多场景早已成为历史。不过，在他们描述的故事、人物、场景之中，我们可以远望百年之前的中国，如何渐渐由封闭走到开放，由传统走向现代，由一个农耕社会步入工业化社会。这些回忆文字，辅以大量老照片和绘画作品，可以使我们对历史远景，多一些感性认识，多一些不同角度的切入。

非常感谢海天出版社诸位同仁的厚爱，同意将"寻找中国"丛书纳入他们的出版计划。

感谢参与翻译的各位译者。这些译者，有的认识，有的未曾见面，他们却以极大热忱参与这个系列的翻译。

非常高兴能有机会将"寻找中国"丛书呈现于各位读者面前,希望你们喜欢,更希望你们提出不同建议,以求把这套系列书做得更好。

一本书,一双眼睛。一本本书,一双双眼睛。目光所及,中国的山川风物、风土人情、生活演变、时代变迁,跳跃不停,呈现复杂、丰富、独特、差异的历史景象。

于是,在别人的亲历中,我们触摸历史。虽已遥远,依然清晰……

李 辉

2017年10月26日,写于北京看云斋

译者序：百年前"他者"眼中的中国

《环绕上海》原著写于 1922 年，距今已近百年历史。在人类历史的长河中，一百年只是短暂的一瞬；而对于我们这个世界、我们这个国家，这一百年却发生了翻天覆地的变化。提起百年前的中国，辛亥革命、共产国际、中华民国……这些宏大叙事中的名词和概念我们已经耳熟能详、信手拈来。可对于张三、李四、王二麻子这些"小人物"，我们却知之甚少。百年前的他们是什么样？过着怎样的生活？以何为生？……这本《环绕上海》将带着我们略窥一斑。

一

　　了解一本书，不妨先熟悉一下作者及其成长、生活的背景。《环绕上海》的作者师克明（1888—1928）出生于美国，是一名作家、诗人和艺术家。他谦逊、善良，富有幽默感，同时具有敏锐的洞察力，善于发现普通人在日常生活中的闪光点。师克明接受过良好的教育，曾在美国芝加哥艺术学院①学习，也在法国巴黎和德国慕尼黑有过学习、交流的经历。毕业后他加入美国远征军，在第一次世界大战期间远赴意大利前线；战争结束后又赴黑山共和国参加另一项军事任务。这些经历对他产生了较大影响。师克明回到美国之后，定居于纽约市，

---

① 建校于1866年，是美国声望及评价极高的艺术学院之一。

并与罗素·林赛①结婚。他英年早逝，年仅四十就离开了人世。

师克明一生留下了八本书，其中包括他的战争心得《士兵的心》(*From A Soldier's Heart*, 1919)、励志诗集《最年轻的牧羊人：伯利恒诗集》(*The Youngest Shepherd: A Poem of Bethlehem*, 1917)以及环游世界后写下的四本游记，分别是游览中国后写的本书（1922）、游览巴勒斯坦后写的《加利利山顶》(*Hilltops in Galilee*, 1923)、游览爱尔兰后写的《这是爱尔兰》(*Here's Ireland*, 1925)以及游览美国中部后写的《密西西比河》(*Mostly Mississippi*, 1927)。在旅途中，师克明还随身带着画具，用自己的画笔留下当地的印记，其中许多画作已被收录进了他的作品中。

---

① 罗素·林赛（Russel Lindsay Speakman，1892—1988），美国画家，擅长绘制壁画。

二

20世纪20年代初的一个初夏,师克明乘坐"亚洲皇后号"①蒸汽船跨越太平洋,来到了上海,开始了一段为期半年的中国之旅。半年间,他走遍了长江中下游的多个省市:上海市,江苏的南京和苏州,安徽的安庆,浙江的杭州、宁波和普陀山,湖北的汉口、武昌和汉阳以及江西的九江。他将这些经历分为四个篇章。第一篇"住家船"中,作者包下"拿破仑"的住家船体验长三角鱼米之乡的生活,描绘出平凡百姓以船为居、以河为生的日常点点滴滴;第二篇"河流之城",作者沿长江而上到达湖北、

---

① 建于1912年至1913年,由苏格兰费尔菲尔德造船和工程公司在苏格兰高湾为加拿大太平洋轮船公司建造。——译者注

安徽和江苏，展现出一幅百年前沿江发达城市的风貌；第三篇"佛陀之岛"，作者又沿长江而下来到浙江，前往普陀山体验独具魅力的佛教文化；第四篇"小房子"，作者在上海租下一间房子，同一个中国家庭共住一个多月，品味日常生活中的趣闻逸事。

在师克明笔下，各种平凡的人——船夫、搬运工、僧人、小贩、乞丐、儿童等跃然纸上，各类新鲜的事——江边驱蚊、水警查船、半夜驱鬼、街边算命等映入眼帘，各地秀丽的景——南京夫子庙、西湖十景、汉阳龟山、苏州园林等让人身临其境。但这并不是全部。师克明通过这些人、事、景，更希望展示的是背后的文化——他所理解的中国文化。正如他自己所言，"其实在我心底，我诚挚希望看到的不仅仅是上海背后的国家，更希望能够看到'中国时尚'"。这种"中国时尚"究竟是什么？师克明并没有给出一个完整而明确的答案,但却通过具体的经历,透露出自己总结的一些特点:"平静""勤劳""简单""逆来顺受""谦卑""美好"……

三

19世纪之前,西方人对中国的认识大多来自从中国出口的瓷器、茶叶等物品,这些精致而奇异的物产在欧洲极受欢迎。但是他们对中国人的认识却非常有限,多半来自对《马可·波罗游记》的再诠释,加上在中国的西方传教士、商人的书信和回忆录等。然而,这些人在中国时一般都生活在自己的圈子里,对中国人生活与文化的了解极其有限。在他们的眼中,中国人要么极其贫困、蒙昧、野蛮、勤劳,要么极其高雅、奢侈、深不可测。德国皇帝威廉二世提出的"黄祸论"和英国作家萨克斯·儒默笔下的"傅满洲"就是两个典型。在彼时的西方人看来，黄种中国人既是身体生理上的"他者"，还是文明、文化的"他者"，更是现实利益的"他者"。

师克明也不例外。来到中国之前，他脑海中的中国人"荒诞不经""不合常理""有所保留"。然而，半年的中国之旅结束之后，他却发现自己的亲身经历与原先的想象似乎截然相反。在他看来，中国留给他的印象令他流连忘返、难以磨灭，甚至是超越了西方已知文明更为精致的另一种世界。这一变化过程与他的经历不无关系。作为参加过第一次世界大战的"迷惘的一代"，师克明对当时美国所宣称的价值观产生了怀疑，而对和平、美好有着热切的向往。除此之外，良好的教育赋予他更平和的视角、更开放的心态去发现和体会日常生活中的美好。

比如，在刚到中国时，他就决定不采用当

时与政府沟通协商请求带领参观的正规途径，"不使用任何介绍信，而只是与中国人一起生活，一起品尝他们的食物""默默地尽可能仔细地观察中国人是如何在他们谦卑、亲密的圈子中生活"。再比如，刚到中国的他与其他人一样感到了"文化震撼"——对一切都感到新奇和不解，但他并没有坚守自己固有的"刻板印象"，而选择平心静气接受眼前的一切、细心感受这些新鲜事背后的意义，并自嘲"从睡眠的角度看我已经成为一名中国人"。随着观察和体验的丰富，师克明更加敞开心怀体味中国，不仅仅"满足于在遥远的书斋里做一名只会分析形势、只关心政治和国家，或只是研究远古王朝的旅行家"。于是，便有了全书开头的诗歌《致中国搬运工》，表达了他对中国"小人物"辛勤、乐观、敬业的敬意——这也许也是他对中国普通大众的总体印象。在普陀山时，他顿悟中国并没有那么"新奇与复杂,而这里更多的却是真实与简洁"……

值得指出的是,在很多场合,作者并没有对事件背后的意义给出自己的解读,常常是点到为止,这也给读者留下了广阔的遐想空间。今天读到这些文字,仍不乏新鲜感。师克明笔下的那人那事,我们似曾相识,却又依然能够带来新的认识。

四

整个翻译过程得到了丛书总策划李辉老师的倾力帮助。我与李辉老师曾在同一间办公室工作,但二人算是"擦肩而过",我刚入职不久,李辉老师就已荣休。但这并没有妨碍李辉老师对后辈的关爱。我翻译的速度比较慢,但李辉老师给予我足够的空间和自由,并提供了许多好的建议和素材，帮助我安心踏实地完成翻译。交稿之后，如释重负，心怀感激。

译者在翻译过程中力图达到"信、达、雅"，力求还原作者的平实但又幽默的语言风格，但由于能力有限，时感力不从心，有许多不尽如人意之处。作者常常引经据典、以类比的方式表达或传递自己当时的感受。从《荷马史诗》到安徒生童话，从古埃及神话到中世纪诗歌……作者良好的艺术教育在书中表现得淋漓尽致。同时，作者使用威氏拼音法拼写百年前的人名、地名等，其中还夹杂有各地方言，加大了翻译难度。个别人名、地名难以准确还原，只能依靠上下文做出推测，译者在这些地方都做出了标注和说明。翻译中难免存在疏漏或错误，自当由译者负责。

殷鹏

作者序

人名和地名——当它们都有意义时——总是会在我面前形成长久不变的画面。在大多数情况下，这非常好。皮克威克先生、芝加哥、阿伽门农①、犹大、奥赛罗、威廉·布莱克②、滑铁卢、戴安娜·马洛里——这些名字和其他成千上万的名字都与其所代表的主题和内容完美契合，并已经成为其中不可或缺的一部分。但还有其他一些名字，肯定没有起到它们应该起的作用。

比如，法弗纳是"齐格飞"③中那条巨龙的名字，但它听起来就好像一家熟食店的老板。

---

① 特洛伊战争中希腊军队的统帅。——译者注
② 英国第一位重要的浪漫主义诗人、版画家。——译者注
③ 北欧神话中的屠龙英雄。——译者注

与此相反，在一个冬天的早晨，一位身材矮小、满脸皱纹的西西里人带着三根小木头（以前是五根）到我的屋里换取二十五美分，他的名字竟然叫作马库斯·J.奥里利乌斯[①]……还有一个令人惊讶的头衔，詹姆谢·吉杰博爵士，但他并不是漫画歌剧里那位高个子喜剧演员，而是孟买的一位高贵的、令人尊敬的公民……"萨摩"部落[②]这个名称描绘的仅仅是旭日之国（日本）那些身着和服的当地人平静烧制精美瓷器的场景——我到京都附近的一个坟场才发现，那里地下埋着三万五千名萨摩族敌人的耳朵和鼻子，还是腌制过的！

中国！这是一个不断召唤着我的名字！中国这个名字带给我的是什么样的画面？我一直认为中国人十分奇怪、荒诞不经。（这些年来，

[①] 与斯多亚派著名哲学家、古罗马帝国皇帝马库斯·J.奥里利乌斯（121—180）同名。——译者注
[②] 位于今日本九州岛最南端。——译者注

出现了一大批像筷子、辫子这样的名字,荒谬地影响了我对中国的认识。)大清、龙王、苏州——它们的名字里,似乎有一些东西会让人想起凤凰、鸡蛇①、狮鹫②等不合常理的东西。虽然我在西方不同地方见过的中国人一向都是礼貌和友好的,但我总是感觉他们"有所保留"。"魔鬼博士傅满洲"③和其他人都在从事阴险的工作。(我以前认为)他们最多是一群冷漠的、与我们不同的人,他们缺乏一些我们所认为的"人"应该具有的特点。

但当我来到中国……

---

① 一种头如鸡、身如龙、尾如蛇的怪物。据说它们是从鸡卵中孵化出的,它们的凝视可以使对手致命。——译者注
② 希腊神话中的神兽,具有狮身鹫首。——译者注
③ 英国作家萨克斯·儒默(Sax Rohmer)创作的一部小说的主角,也是他一生中创作的最邪恶的角色。他也因此而享誉文坛。——译者注

目 录

致中国搬运工   001

第一篇 住家船   003

第一章   005

第二章   026

第三章   044

第二篇 河流之城   071

第四章   073

第五章   093

第六章   115

第三篇　佛陀之岛　　　**135**

第七章　　　137

第八章　　　156

第四篇　小房子　　　**173**

第九章　　　175

第十章　　　195

致中国搬运工

其他地方一些沮丧的工人

感到烦恼、逃避工作

扔下了手中的工具

但如果他们看到你们的工作

注视着你们每天整整工作十二个小时

和你们比起来,其他大多数工作看起来都只是像做游戏

与其相比

你们对每一件事情,都倾尽全力、充满斗志

完成每一个艰巨的任务,都像是要满足精神需要

如果他们能听到你们那不变的、高亢的歌声

那歌声令人心碎,因为它是

对人类的苦涩和错误做出胜利的回应——

那么为什么,上帝知道你们必须再次举头仰望

在工作岗位,像男人一样,朝着光,战斗

于苏州,中国

第一篇　住家船

第一章

1

太平洋的海面上缓缓出现一些变化。苏醒的"南京号"吐出蜿蜒的蒸汽,清晨的太阳从远方的薄雾中自由地跳出,给大海画上了句号。这片海并没有呈现出通常的那种深蓝色,而是被太阳撒上了一抹独特的金色。

"水很浑,不是吗?"在我身旁的是一位年轻人王熙洛。我们一同站在"南京号"的甲板上。尽管如此,他还是急切地转向迎面而来的地平线。我们与海洋和天空共度了二十天,迎来了长江。她是中国最强大的血脉,把夹杂着肥沃泥沙的河流带到五十英里外的海上迎接我们。"南京号"行驶了三个小时，身后留下一条深色的痕迹，淤泥随着螺旋桨的搅动浮上水面。然后，在我们视野的南北两侧各出现了一条淡蓝色线条，与我们前进的方向保持平行；而在我们正前方的海洋尽头，渐渐出现了庄严、梦幻般的一大片东方船只。这景象总是会给刚来到的西方人带来一种莫名的快感。一些大型航海帆船或者稀稀拉拉地沿着水面扩张的方向停泊，或者张起巨大的棕色帆，向东西方向航行；无数的小帆船迎着海上的微风前进，谨慎地驶过一个个隐藏的浅滩；老闸船则小心翼翼地跟随着航道向导；微型载客舢板船像光亮欢快的彩色蜥蜴，在大型航海帆船中间穿梭。这里也有来自西方的船，与周边的东方船只相比，这些船的造型怪异显眼，船头有瞪大的圆眼，船尾翘起还画有盘龙。

半小时后，湖岸线的蓝色条纹融合成为宽

阔的河道，两边出现了码头和工厂，"南京号"甩下身后的各种船只，向国际化大都市上海快速驶去。

自公元前300年以来，包括艺术与道德在内的许多东西都已发生改变。一位被长期遗忘的皇帝下诏，把这座长江河口沉睡的小渔村命名为"上海"，意为在海之上。如若那个皇帝看到上海今天的模样，他一定会十分惊讶。上海这座现代化大都市就坐落在黄浦江上。黄浦江是长江的最后一段，它在内陆蜿蜒数英里，终止于强盛的长江三角洲边缘。

2

王熙洛与我在"南京号"上同住一屋，他主动提出要带我参观一家中国酒店，并去探索它的奥秘，我愉快地接受了他的建议。其实在我心底，我诚挚希望看到的不仅仅是上海背后的国家，更希望能够看到"中国时尚"。事实上，我并不知道中国时尚到底是什么——每个人都是这样，只有尝试之后才会知道——而这只会进一步加强我想要体验它的热情。我曾郑重告诫自己，不要以描述、绘画或其他方式打扰到北京的紫禁城，只要默默地尽可能仔细地观察中国人是如何在他们谦卑、亲密的圈子中生活就好。因此，我决定不使用任何介绍信，而只是与中国人一起生活，一起品尝他们的食物。

我不知道这个方法是否奏效，但有一个非常好的办法可以检验……

在码头，王熙洛和我爬进一个装有四个轮子的奇特东西上。随着一声马鸣，我们嗒嗒嗒地沿着鹅卵石马路向酒店出发。外滩是一条灿烂的沿江大道，马路上电车和汽车飞驰，马路边高楼和花园错落有致，这一切正如人们所期待的那样平静、端庄、辽阔。就在一瞬间,我们驶入了城市主干道——南京路;一转眼的工夫,东方元素涌现出来。在一片飘逸的长辫、随风摆动的招牌、独轮车夫、快速奔跑的人力车夫和响亮的叫喊声中,我关于西方的回忆刹那间就被湮没于其中。我本能地环顾四周,试图找到一些固定不动的东西,并想将目光停留其上,但在这沸腾的洪流中,唯一静止的就是伟大锡克警察的朱红色头巾。这些警察的眼神中流露出悲伤,但他们黑色的、密密麻麻的胡须中似乎透出宁静的、深沉的微笑。

我们的车在城市中心的东方大酒店停下来。很少有外国人住在这家酒店,原因我将稍后说明。进入房间后,我走到狭窄的阳台上,因为街上的风景一直强烈地吸引着我。灰色的尖屋顶像翻滚的海水涌向东部,延伸到在一英里之外的黄浦江上,与密密麻麻竖起的桅杆和高耸的翼梁连在一起。在一路之隔的房檐下有一个窗口，透过它可以看到房间后部有一个低矮的台子，上面放着一盏昏暗的灯，发出如豆的光芒。灯边是一张中式床，透过半遮半掩的床帘可以看到一位瘦骨嶙峋、半着衣服的男人斜躺在床上。他正在烛火上熟练地摩挲一个鸦片"药丸"！对于一名新人来说，这个东方国家所显示出的秘密要比报道中的更加丰富！我看了看表，"南京号"已经在码头停了约四十分钟。

3

那天晚上，王熙洛乘坐蒸汽船沿着长江回他自己家去了。东方大酒店只剩下我自己。白天，我就捧着一本上海方言短语手册在酒店中间人或经理的帮助下，试图找到一名中国"小帮手"①,通过他"把思想转化为语言"②。晚上,我就在酒店中进行深沉而庄严的思考。

不同的房间是通过一块薄的绿色木板隔开的。面向大厅一侧的木板只有门那么高,再往上是通过木质的格栅接到天花板,这样可以让大厅中明亮的灯光照进屋里。光线的亮度足够适合大汉子民们在屋里看清楚刻在一角美元硬币上的十大叛国罪文本。这对于那些愿意在床上通宵夜读的客人来说是一个非常新颖的功能。经过一番仔细思考,我认为这对于那些不愿意夜读的客人来说也是一个新特征。屋里的床在结构上与老式的四帷柱大床很像——床帘围满四周——但床板并不是弹性床垫,而是由竹篾

---

① 原文为 cook boy。根据上下文为作者雇佣的随身翻译,同时也帮助处理一些杂事和搬运工作。——译者注
② 原文为英国诗人阿尔弗雷德·丁尼生《悼念集》第23首中的一句。——译者注

编织而成，就像藤椅座一样。这一层坚固基础之上，铺了一床填充的垫被，其向上的一面缝上了一层单子；这床垫被上面又铺了另一床垫被，其向下的一面也缝上了一层单子。所以毫无疑问，即使来自最偏僻农村的客人也能够明白他该睡在哪里。

晚上十一点钟我回到房间。5月26日肯定是一个重大的全国性纪念日，奇怪的是手册中并没有提到！但我没有理由怀疑这天晚上正在举行一场规模宏大的纪念活动。整整三个小时，我躺在采光较好的床上，着迷地倾听着南京路上传来的奇怪的呼喊声、歌声和笑声，还有中国乐器的独特节奏，就像年轻的卡利班①在酒店屋顶上高喊。到了凌晨两点，隔壁房间的客人相继回到屋里。在接下来的一个小时里，他们

---

① 卡利班是莎士比亚的《暴风雨》剧本中的一个野蛮怪物的角色。——译者注

在绿色隔板的另一边互相交谈，用十分明确的语气发表他们的意见，但观点各异。最后，声音终于消失了。无论如何，我希望这是一个好的假期；我稍微挪动了一点，变换了一下睡姿，闭上了眼睛，心中默默数着跳过栅栏的绵羊，看看能有什么反应。但我就像荣耀之光中的布琳希德①那样呆呆地躺在那里，还试图数着虻蝇甚至恐龙！直到三点钟一切才完全安静下来，只有单缸汽油发动机发出的轰鸣声在空中回荡，越来越猛烈。到了五点钟，轰鸣声才渐渐地消失在喷气声中，这也终于给我一段能够短暂睡眠的时间。一小时之后，搬运工的歌声又迎来了新的一天。

第二天晚上，我很惊讶地发现庆祝活动依然在继续，但前一天晚上所有的内容都不见了。

---

① 希腊神话中的女性武神。——译者注

到了第三个晚上,我被南京路传来的新噪声突然惊醒,还有第一次听到的叽叽喳喳的声音,后来我逐渐意识到这些声音是乐队的调音。这时,我那已经有点疲倦的意识中闪过一丝念头:这里是没有全国性纪念日的!这只是一家中国酒店日常的、普通的存在!有了这样的想法之后,我翻过身,把棉被拉上来盖住我的耳朵,进入了踏实、无梦的睡眠。我第一次赢了,从睡眠的角度看我已经成为一名中国人。

4

然后,阿周意外出现了。他是一个老头,个子很小,脑袋呈梨形。摘下帽子以后,那梳得又高又直的黑头发让脸显得更长。一条蓝色的长棉衫罩住了他的身影,他的右眼罩着一只黑色眼罩。从整体看,他似乎更显得可怜而非可恶。他一只手攥着一把纸伞,另一只手拿着一本笔记本,上面写着我的中国朋友王熙洛写的几句推荐语:阿周先生不同凡响,他可以说一种像英语的语言,肯定能满足您的要求。

酒店经理给我推荐过一些会说英文的小帮手,并声称他们的英文说得"灰常标紧"(非常标准);我和他们都一一简单聊过,但一旦当我从谈论天气这种泛泛的话题转移到某个具体的生活场景时,就面对着一堆误解。与他们相比,阿周那只完好的眼睛中透出了理解,嘴里蹦出的也是相似的音节,真是又棒价又不高;所以此事立即解决。

在中国的东部沿海地区,想要结识左邻右舍只有一个好方法,那就是乘坐住家船!因此,阿周和我一起向苏州河走去。苏州河把上海一分为二,然后垂直地流入黄浦江。我们是步行过去的,这样可以很方便地在"老大"(首席船夫）看到我们之前，以随意的、漫不经心的方式接近他们的住家船仔细看一看。阿周先生说，要想谈成满意的价格，装作这种态度十分必要。经过多次无果而终的尝试，我们看到一条看起来很不错的住家船停在桥边。这条住家船的"老大"是一个矮小、结实的男人，神情凝重，留着山羊胡，看起来像拿破仑三世（路易–拿破仑·波拿巴）。他站在船头，陷入沉思之中。（他后来告诉阿周，我们在半英里之外的时候他就看到了我们！）因此，我们毫不费力地就把他从沉思中拉了出来，结果还租用他的船一个月（含四名船夫，不包吃）。价格总共是四十块钱，包括小费——或者叫赏钱！所以，在第六天早晨，我们带着两个煎锅、一个水手柜、一个铺盖卷、四十捆木柴和阿周先生购买的一些生活物品就出发了。我们收起跳板、拉起锚、踏着翻涌的潮水，驶向苏州河的一段未名河段。

住家船十分舒适，它两头扁平，大约三十英尺长，头尾两端各有一个小的露天甲板。船中间是一个低矮的、像小屋一般的船舱，前端是客舱，后端有一些红色抛光的木刻。船舱一尘不染，每边有五个窄小的窗户，每个窗户都挂着深红色的窗帘，与船舱红色的木刻交相呼应。船舱里的铺位很舒服，一个可以放铺盖卷，另一个放着水手柜。此外还有两把椅子、一张桌子、一盏灯，头顶上还有一个架子，可能是书架。客舱后面是阿周的房间，而船尾则是厨房和船夫的住处。

住家船两侧的水流哗哗作响，传递出繁忙的河运交通声。平底帆船、大型驳船和货船要么停泊在码头，要么伴随着船桨滑动有节奏地摇摆着，沿着熙熙攘攘的水道，载着沉重的麻类植物、豆糕、柳筐和草席向目的地驶去。其他的船运载猪、家禽和蔬菜，还有的船装载着棕色陶罐，这些罐子体积硕大，足以装下阿里巴巴故事里的两个壮汉。

"拿破仑"（我找不到更好的名字来称呼这位住家船的"老大"）和他一大一小两个儿子站在船上。船的四周用长竹竿围了一圈，防止碰到桥顶或路过的其他船只。船在行进中有轻微但规律的波动，感觉就像船桨在船尾摆动滑行。我从船舱后部向船尾的甲板望去，试图找到到底谁是第四名船夫，发现在后面的长桨边上站着两个女人！她们穿着裤子，但确实是女人！在"拿破仑"的字典中，"船夫"显然是一种通称！当天晚些时候，我向阿周委婉表达了我对这一特殊现象的质疑；并不是说我反对特殊，但是——

阿周解释说："老人有一个妻子，一个女儿。每个人都住船屋。那该怎么办？"

"但老人说有'四位船夫'，不是吗？"我

皱着眉头。阿周开始掐指计算。"老头自己,一个船夫;他大儿子,一个船夫;他细(小)儿子,一个船夫。"他犹豫了一下,眼睛四处观望并一脸疑惑地看着我。

"是的,"我鼓励道,同时也忍住"细儿子"这一发音带给我的欢乐,"三个船夫。"

"老人说,"阿周坚决地继续说道,"两个女的算一个船夫!"

这事以后,对于这条有"四名船夫"及惊人真相的船,我给它起了一个名字,叫"启示号"。

离开上海几英里之后,微风从东边轻轻吹来。"拿破仑"让船夫在甲板上排成一排,升起一根可以移动的桅杆,并沿着桅杆横着架起一根竹条,再升起一块方帆。不久之后,我们就开始快速航行,速度和岸上沿着纤道一路小跑的搬运工和雇农一样。渐渐地,水面的船只也减少了，面向运河的工厂和茶馆也变成了深远宽广的稻田，中间点缀着树荫覆盖的茅草屋顶小房子。

夜晚逐渐降临。"拿破仑"发现在两条河流的交汇处有一处泊船点，那里停了一百多只船。这些船只聚集在一起，不完全是因为船上的人彼此相爱，更多的是因为他们害怕劫匪。我们一靠岸，就和"老大"一样快速、仔细地把所有窗锁都闩上、把舱门钉上板条——这可能是因为我们经验丰富——这样就不需要蚊帐；因为没有蚊虫能够在打了药的空气中存活太久。在这种像是局部麻醉的环境中待了十五分钟以后，我决定宁愿英勇地死在外面、同任意数量的强盗斗争，也不要在密封严密的住家船中憋死。然后，我才明白，船舱内部外部都可能出现蚊虫袭击。于是，我向伟大的中国户外打开窗户，然后躺下来睡觉，并安慰我自己：无论麻烦来自哪里，对我都没多大关系，我最近的邻居已经在二十英里之外了。

5

我在黎明醒来之后，我们再次出发。"拿破仑"和他的大儿子大副①已经拿了拖绳上岸，并沿着纤道缓慢稳步前行了五十英尺。河面渐渐放宽，水流宁静蜿蜒，沿岸覆盖着不规则生长的青草，其中藏有数不清的古坟和古牌楼的破柱子——在中国，这些灰色、端庄的拱形牌楼是用来纪念节妇烈女的。远方是一片又一片的金灿灿的稻田，等待着六月的收获！遥远的天边则是一片沉寂，温柔、成熟的夏天正在临近。在温暖、灰色的天空下，水面如镜子一般，而

---

① 原文为 Dah Foo，发音同大副（第一副船长），后文有说明。——译者注

远方那些货船和帆船顺着河流的方向行驶，看起来像是奇异的、冷酷的幻影穿过开阔的稻田。几个小女孩在照顾一只被蒙住眼睛的水牛，她们年纪太小无法从事任何其他工作。这只水牛慢慢地来回走着，就像笨拙的大力士在踩着木制水轮，有时候又懒洋洋地坐在齐脖子深的水中，偶尔呼出一口满足的气息。

我沿着河岸行走，渐渐远离了船夫，听见在遥远的前方传来高亢的、孩童的声音。几分钟后，迎面走来五位身材不高、光着膀子的小伙子，坎肩盖住了他们宽阔的胸脯。他们正在精力充沛地拖着一条小帆船的缆绳，一看到我就猛然停止了歌声。我从纤道上挪开，给他们腾出空间。他们匆忙而又紧张地跑过去，只留下了高亢的歌声，其中伴随着胜利的兴奋。

在平静光亮的河面和精心修剪的树木远方，可以看到昆山的古城垛。阳光穿过云层，将光线撒向一座延伸到远方的桥,铺满灰瓦屋顶、运河、茶店和寺庙——在寺庙古朴的台座上,没有任何两件东西是一模一样的,也许只有鸭子、大眼睛婴儿和陶器店的大陶罐除外,这是由于我看不出它们有什么差别。在傍晚的阳光中,一群小男孩就像精灵一样沐浴着夕阳之光,在住家船边的岸上蹦蹦跳跳,高兴地叫喊着新的发现。"他们在说什么?"我问道。

"一个年轻小孩儿说,你的眼睛是蓝色的。"阿周说。"他说中国的妖怪是蓝眼睛的,他说你一定是妖怪!"男女老少都聚集到岸边来看热闹。有一个人原本面无表情,突然露出像围观食蚁兽或北极熊一样的表情,表现出十足的兴趣。(我的)面部肌肉做出任何细微动作都会受到关注,要么是欢呼声,要么是"哎,你看见没?"或者"快看他,快看他!"。我家里的中国洗衣工原本是十分木讷、面无表情的,他也突然闪现在我面前。我这下才明白为什么这些年他的面容一直这么僵化。很有可能是因为，他从来不想被一群华盛顿街头的年轻人简单地当成动物园里的独角兽。

后来众人散去，我发现住家船船尾有一个光头、大耳、黑眼的人在盯着我。我们的船停在离运河较远的地方，他一定不是岸边那群小家伙之一。他是谁呢？是被"拿破仑"抛下的"四名船夫之一"？

有时候我想，如果黄昏的光没有包裹住上海的塔楼和角楼并赋予其无尽的神秘感，如果寺庙的柏树枝头没有升起一弯明月①，我愿意花时间找一找四名船夫究竟都是谁。但现在

……不如默默地离去

---

① 原文为一颗巨星（a great star）。——译者注

走向桥顶那个幽会的去处

那里沉寂安静

你可以抬头仰望

通过美丽的面庞

从她的唇语阅读、学习、注意到

在那些

柚木玩具和闪闪发光的东西包围的远方

闪耀着那些更加珍贵、公平的主题——

爱、生活和梦想

第二章

1

"启示号"像一只乌龟,沿着运河缓缓滑行,然后悄悄左转后,停在庄严的苏州城墙壁下。城西面的水闸边有一片歪歪扭扭的泥屋,里面住着乞丐。我踏上跳板,沿着破旧墙壁之间的小路行走,然后穿过一个空荡荡的门道,向右拐了两个弯,赫然发现自己身处在《一千零一夜》之中!可是在那本梦幻般的书中,根本不可能会有这样的锦缎、象牙、通透的琥珀、闪亮的珐琅、泥巴、猫、狗、猪、珍珠和气味。如果阿拉丁目前还没现身,那只是因为他刚钻进隔壁金匠的商店卖他的银盘!我在想,世界上有什么乐趣可以媲美一个年轻美国人在中国彻底放纵一天？他可能最终会回到自己父母那个充满霍乱、疟疾和跳蚤的家里，但在他自己看来，这里将是"难忘的一天"！

在一家小店的前面有一位木雕师，他目光冷静，手持锤子和凿子，正在制作一个巨大的木质佛头，就像释迦牟尼自己那样原始和简单。他身边有一个帮手，正在把两块巨大的木块粘在一起，制作菩萨宽大的肩膀。在木屑和凳腿之间，传来一阵不可思议的喧嚣声，是三位小伙子和四个小孩，他们操着相同的口音正在激烈争吵。隔壁是两个金箔匠人，他们面对面坐着，用小锤子细心地交替敲打一块均匀铺在面前的皮。那块皮呈长方形，是从一百头水牛身上精心挑出的最精致的黏膜制作而成的！难怪他们这么仔细！在金箔匠人后方有一个狭长的小店，店里也有一个年纪很小的孩子，拿刀都很困难(更不用说挥动它),正在劈开竹条用于制作伞骨。而他的父亲,则在不厌其烦地做着广告,一边对着人群咧着嘴、露出友善的笑容,一边忙着给漂亮的纸伞涂油。一个银匠一边把翡翠制成的眼睛嵌到一条银龙上,一边与对面的屠夫愉快地聊天。在屠夫的店前面,挂着六具已经屠宰好的猪头。这应该是这些猪平生中首次被洗得干干净净,像白色幽灵一样悬挂成一排。"油浸鸭"看起来似乎已经放了很久,但它们根本没有浸油,而是表面涂了一层红米制成的可食用涂层,"牢牢地挂在绳子上",随着隔壁黄铜商店传来的叮叮当当声"快乐地翩翩起舞"。店里有许多年轻的短发学徒,他们正在敲击着厚重精美的黄铜碗——这些都是艺术品,但他们却毫无意识——每个碗的售价只要六十五分钱!

在一条狭窄的中央街道上,竹垫搭在路两

边的屋顶上,阳光透过竹垫的缝隙照射下来。街道的尽头,是一个宽阔的、铺着石头的寺庙。那一瞬间,我的脑海中浮现出两个场景,一个是一条神秘浪漫的"小饰品街道",另一个是我站在一个广场上,在明亮阳光的照耀下站着发呆,广场左侧有一个寺庙,另一侧有一个相似的户外咖啡馆。让我感到奇怪的是,苏州有着与威尼斯相似的运河网络,不应该只有它自己的圣马可广场,也应该有它的弗洛里安咖啡馆[①]!

寺庙里正在准备一场法会。玩西洋镜和玩杂耍的人沿着寺庙前的栏杆站成一排,乞丐们举着木碗向路人行乞,或是从山门开始就念叨乞求。年轻的和尚剃着光头,头顶的十二个戒

---

① 位于意大利圣马可广场,1720年创建,曾经是歌德、拜伦、普鲁斯特和狄更斯的会客厅,有将近三百年的历史。——译者注

疤显示出他们的虔诚。他们充满活力，来来回回地奔走，指导那些新手为献祭制作纸马、纸人、纸船。还有几位悠闲的男人，每人手里提着一只鸟笼，有的一边散步一边互相比鸟叫，有的则在如诗如画的茶屋中嗑瓜子。

  进入寺庙要接受盘查。寺庙外殿光线昏暗，里面伫立着四大天王，每边两个，面目狰狞，令人敬畏，他们守护着殿内的佛祖。四大天王中间的基座上坐着弥勒佛，这是一个胖胖的、快乐的菩萨，圆圆的脸上露出微笑。弥勒佛是一个快乐的也是完完全全的中国形象——他周围的四大天王则来自印度，与他们那可怕的表情相比，弥勒佛显得十分突兀。我不禁纳闷，最初是什么样的老僧人会这么聪明？他注意到这些面目可怕的护法打扰了热爱和平的人群，于是在其中加入了弥勒佛这个充满微笑、令人舒适的形象，在外殿招呼香客。

走过另一个阳光照射的小院子就来到了内殿。正当我迈向阴影的入口时,寺庙前的街道上传来了敲锣和吹号声,声音十分奇特,就像苏格兰风笛尝试演奏古埃及的曲子。于是我加入人群之中,看到了白色、蓝色和金色的横条,还有一片闪烁的强光。十几个人身着白衣,坐在齐肩高的轿椅上,进入竹垫遮住阳光的中央街道。

"是有人结婚吗?"我问站在身边的阿周。

"没有,"他答道,"是有人去世了。"

所以,白色在中国代表着悲痛。我必须表现出惊讶,因为阿周的脸上露出了悲戚的神色。

"结婚、死亡,"他说,"都是一样的!"我在他善意的眼神里寻找些许幽默,但他却一直用戴着眼罩的那半边脸对着我。

"你结婚了吗,阿周?"我问道。

"很久以前的事情了,"他严肃地说,"你应该也结婚了吧?"

2

苏州园林具有独特魅力,特别是留园中飘出清新的香味,在整个空气中都洒满了美好,让人们对这座独特的中国城市留下更加深刻的回忆。

进入花园首先要穿过三间白房子。这些房子没有过多的装饰,只有一排圆形的窗户,上面刻有石头窗饰。透过这些窗户,可以看见其他三面简简单单的白墙。毫无疑问,这三间纯净的小房子是经过精心设计的,它们如此优美,就像歌女指尖弹奏月琴跳出的温柔音符。左手边有一个白色凉亭,透过凉亭可以看到清澈的天空和温暖的阳光,还有一棵矮树,用细长的根茎环绕着古老、灰色的岩石裂缝,后面是一排闪亮的黑柱子和远方的一个洒满阳光的拱廊。人们可以感受到歌女完成了前奏,开始歌唱。我在花园里的竹林边坐下来,匆匆记下了这首歌的一些片段:

> 门口,
>
> 圆形和八角形……
>
> 樟树的蓝色阴影
>
> 穿过翠绿的池塘
>
> 那里有透明尾鳍的金鱼
>
> 在宽阔的叶子下面休息……
>
> 黑色的鸟儿对着红色的花朵歌唱……
>
> 两只孔雀
>
> 沿着象牙白的栏杆
>
> 在黑色的柱子之间悄悄地挪动……

写下这些歌词之后,我就合上了笔记本。我记下来的不是花园之歌,而只是一些文字;

我感到一丝悲伤,旋律本身是带不走的,只能待在属于它的地方,与阳光下树枝摇摆的节奏和穿过树木之间的轻风不可分割。

3

在苏州的一个晚上,正在沉睡中的我们被一阵猛烈的小锣敲击声惊醒,紧跟着又传来其他响亮刺耳的锣声,就像发射机关枪一样。这个夜晚似乎已经被响亮的声音打破。透过"启示号"的窗户,我们看到在不到一百码远的运河对面,屋顶上火舌舐动。我们周围也被火光照得十分明亮,各种船沿着水面纷纷散开,一片混乱。"拿破仑"没有任何保护措施,起初也不愿意为了安全而驾船离开,因为这对绳索会有一定程度的损坏,但最终他还是被说服了。所以,我们把他年轻的儿子送到舱顶上,防止被杂散的火花溅到,然后避开各种障碍,快速前进。

消防员就像冲向战场的角斗士,穿着制服——包括鞋子、腰带和闪闪发光的高顶头盔——大喊着冲向火场。他们的肌肉随着奔跑在跳动,古铜色的皮肤在火红的火光中闪耀。河边的街道在火光照耀下十分明亮,另一边冲过来一拨又一拨的抽水小组,街上拥挤的人群也被迅速分成相应的好几组,每组群众疯狂地摇着老式抽水机的两个手柄,试图把水高高地喷入火焰。还有一些人沿着水边冲了过来,一些衣不蔽体的樵夫带着经典头盔,爬上屋顶,冲着火焰挥舞武器。这给我带来一种奇怪的感觉,就好像正在目睹一场罗马大火①。在运河靠我们这一边的房子里,竟然还有一些男人做出

---

① 发生在公元64年7月18日,当时罗马帝国的君主是尼禄。——译者注

了尼禄皇帝式的反应,用二胡演奏出一种轻快却又奇怪的声调,更让人摸不着头脑。

火没有变小的迹象,我乘渡船渡过运河,看一看是否能发现什么更有趣的事情。在街角我看到有四个人竟然在靠近火焰的地方喝茶!一个戴着头盔的消防员冲出来汇报情况,接受了一些平静吩咐的指示,再次冲回火场。那个人是消防队长!三十只软管喷嘴对着火焰喷水,但由于软管破裂,大部分水都被浪费了。一些软管整体都用破布和绳子绑着,甚至一些绑扎的布也破了,年轻的消防员不得不用拇指和其他手指紧紧地压在破洞上,就像挽救堤坝的荷兰小男孩一样。①值得庆幸的是几乎没有风,中

---

① 历史上的荷兰小男孩传说:据说以前荷兰有个小男孩,路过一座堤坝,看到堤坝上有个小孔,他知道万一溃坝,海水就会涌进来,造成大灾难。于是,小男孩用手指塞入小孔,一动不动,直到大人发现他。这个勇敢而有毅力的小男孩的故事流传甚广。——译者注

国城里的房子屋顶通常也都是瓦片,大火吞噬了一些房屋之后,渐渐小了下去并慢慢熄灭。我也回到船上。

"明天,"阿周说,"很多人不会像平常一样点红色蜡烛,而是会点黄色蜡烛祭祀火神。"

毫无疑问,可怕的火神应当对这一切负责!

4

我慢慢开始搞清楚"启示号"上有哪些人了。当然有"拿破仑",有他那名叫"大副"——这寓意着"伙伴"——的大儿子。然后还有一个小儿子,名字好像叫"阿胖",还有"第四名船夫",实际上是"拿破仑"的老婆和大副的老婆两人组成。还有两个小男孩,他们是大副的儿子。另外还有一名高个男人,他脸颊圆胖,戴着一个金表链蹲在后面的甲板上,抽了一根长杆烟——我猜测他是一名二等客舱乘客，因为他在离苏州很远的一个村庄就下船了，之后再没有出现在船上。我感到唯一奇怪的是，他在哪里睡觉？我在船尾找了一块空地儿坐下来冥思苦想了半小时，试图为这八个人找到可能的睡眠空间。无论是从几何空间角度还是从伦理角度推断，我发现这根本不可能。这个陌生人像是一个谜，很难融入这个图景之中。我放弃了，也许他躺在长桨上，也许他睡在炭炉上……

阿周进入那个同样的狭小空间，从船舱中取出食物准备做饭。有几次，一些食物悄无声息地从储藏室转移到了木炭火炉边，那分量一个白人肯定吃不了。事实上，我已开始想象自己正在经营一家小型的美式风格浮动酒店。然而，我生性多疑，也很容易抑郁。所以，我决定这次要超越自己，尽可能避免胡思乱想。但有一天,阿周从船舱下面的大麻袋里往外拿土豆——很多土豆。看着他正在灌装的水壶,我的自尊让我不禁张口说话。

"阿周,"我说,语气十分坚决,"晚餐吃十五个土豆对我来说太多了。"

他略带惊讶地看着我。"中国的土豆很奇怪,"他有一点不舍地说,"煮完之后会缩得很小。"

可能是这样,非常有可能!中国在某些方面的确是很奇怪……

5

在苏州附近发生了一件有意思的事情。其中最重要的一件是,在多条河流交汇在一个宽阔的水面上坐落着一座伟大的石桥,被称为宝带桥。宝带桥有五十三个桥孔,两边桥头各有一座石狮，顺着桥孔和石狮向远处望去，宝带桥像是被两个小铁塔固定在地上。人们可能会想象，桥的名字只是表达它能够成功连接不同水域的寓意。但传说这个名字源于遥远的唐朝，当时完成桥梁建设的资金缺乏，苏州地方官就捐出了他办公室的一条宝石带，以便修建工作能够圆满完成。正因如此，按照中国这种独特文化，就把这座桥命名为宝带桥。

阿周告诉我，有一个古老的传统，任何人从宝带桥南边开始数，只能数出五十二个而不是五十三个桥孔。我开始数的时候，他那消瘦的脸上露出充满等待的喜悦。但是，我不忍心告诉他真相：其实无论从哪一端开始数，我数出的数字都是一样的；所以他高高兴兴地离开，将这一传统的力量告诉给"拿破仑"和其他人——特别是"第四名船夫"，他们都有自己的命运，并且充分相信存在有神秘力量。

我时常会产生一些奇怪的印象，就像《帕西法尔》①中的某些场景，住家船本身是固定的，不断变换的是这个国家，向我展示着她丰富的财富。石门、无锡、吴江、嘉兴——这些城镇具有深厚而古老的魅力，每一个都有自己独一无二的寺庙、桥梁或宝塔——多姿多彩，令人眼花缭乱。在每一个转角，我都会发现西方人从未想象过的生活，虽然简单但却令人惊讶。运河水底的泥沙为数以千计的住家船船客提供生计，这些人挖泥种养水草，用它们来养贝类，或者挖掘河床底部的淤泥做肥料。

在我们的船尾，有一条小舢板，上面坐着一名约二十岁的男子，正在把一根绑在竹竿的木勺伸到河底挖东西。他的年轻妻子在舢板的另一端，手中拿着一个筛子。他把木勺取出水

---

① 三幕歌剧，由德国作曲家瓦格纳编剧并谱曲，1882年7月26日在贝鲁特首次公演。——译者注

面后,把勺里面的东西倒在筛子里过滤。他的妻子用手把泥巴拨开,挑出小块的未燃烧尽的煤块并保存起来。这些煤块是过往的蒸汽船扔出来的!这正是他们的生活。舢板上面有一间用可移动的垫子制成的船舱,这就是他们的家。每年有几个月的时间会下雪,地面上会积雪,水面上也会漂浮着冰块。但他们依然会像大副、"拿破仑"和其他人一样毫无怨言,接着去捡煤块。每当农历新年来临,他们会与中国其他地区的人们一起共同庆祝,并不是为了欢庆即将到来的一年,而是感激已经成功度过了过去的几个月!

我在想,看到此情此景,还有谁会只是满足于在遥远的书斋里做一名只会分析形势、只关心政治和国家,或只是研究远古王朝的旅行家?也许——

但在那一刻,我看到了在不远处,一名年

轻女孩宁静地坐在船头，毫不躲避，毫不隐瞒。突然，我热泪盈眶。因为这是信仰和希望，远远超越了那些讲述哪些王朝最强大、哪些国王最骄傲的故事。

第三章

1

我们沿着大运河一路南下,轻风吹过我们头顶的棕色竹肋帆。"拿破仑"像一名直布罗陀舵手那样站在船边,神情严峻庄重,驾驶着小船以每小时五英里的速度高速航行。他的胡子在微风中快乐地拂动,其他船夫则在安静、欢乐地享受自我。这样的速度行驶六个小时抵得上慢慢悠悠、痛苦地晃上两天!

我们面前的运河笔直得像一条大道。大运河北起九百英里开外的天津,穿越黄河谷,在镇江与长江交叉,与密密麻麻的小河网混合在一起。现在,我们的住家船已经接近最南端的杭州。十三个世纪以来，各式各样的船只源源不断在这条人工水道上航行。运河北段的一部分早在薛西斯一世①召集米狄人②和波斯人攻入希腊攻破瑟莫庀莱隘口的时候，就已经开凿并投运。长久以来，大运河似乎偶尔也干涸过。

在一个水边的小村庄，我十分惊讶地听到两名搬运工在哼着普契尼在歌剧《蝴蝶夫人》中使用的一段旋律，音调精准：

这位意大利的艺术大师显然已经找到了他的主题的真正来源！的确如此，搬运工身在中国，而歌剧却在日本。但日本音乐就像所有日本其他艺术一样，是源于中国的。毫无疑问，

---

① 又译埃克瑟西斯一世。——译者注
② 又译米提亚人。——译者注

在东京北部的稻田里也可以听到同样的旋律。

"启示号"比较笨拙,在无数平地帆船和驳船之间的航行需要十分谨慎,这些帆船和驳船不是聚集在大运河沿线的半圆形石桥边。为了顺利通过较低的桥洞,"启示号"每次都需要收起船帆、降下桅杆。这一操作需要一定的细心和判断。每当这时候,"拿破仑"都会过来帮助他老婆,拿起一根长杆站在船头,用自己的生命来保护她,必要的时候也保护一下住家船的漆面。大副负责收船帆,阿胖负责降下桅杆。在通过其中一座桥洞的时候,阿胖在他哥哥收起船帆之前就降下了桅杆。这显然打破了正常的程序,因为"拿破仑"用手中的长篙朝阿胖长满浓密黑发的头顶敲了一下。这种行为在其他国家可能会导致呼叫救护车服务和惊动未成年人保护协会。但是阿胖只是伤到了耳朵,我在现场看他只是受了一点轻伤害——但这件事就这么过去了。

阿胖和我很快变得熟悉起来。起初他有点害羞,但我们一位同志帮我们俩加强了关系。这位同志不小心把一个盘子放在我那块颜料还没干的调色板上,但是我当时没有像阿胖预计的那样脾气爆发。在那之后,我们每天都在一起聊天(每个人都使用自己的母语),话题包括城市规模和人口、我们一路看到的帆船来自哪里、如何通过指南针得出城市和星星的位置,等等。他虽然不懂一句英语,但非常清楚地向我解释,当星星在晚上闪烁时,第二天可能会有微风——这是具有科学根据的事实,当时我并不知道。他是这样表达的:首先是"闪烁"(他用快速眨眼、指向星星的方式表达),然后是"第二天"(通过闭上眼睛、轻轻打鼾、睁开眼睛,然后用手指从东部慢慢升起的方式画出一个大圆圈来表示),最后,是"微风"这个词,他在表演了艾俄洛斯①、波瑞阿斯②和其余风神的喧闹之后，通过轻轻在脸边吹气来表达。

所有这些都验证了那种令人不安的想法——如果世界上所有像阿胖这样的人都能拥有别人的优点，那么其他那些具有这些优点的人很快就不是阿胖的对手了——这种令人不安的想法有时候会给我们每个人带来烦恼。

2

"启示号"在行驶过程中一直没有远离岸边，但是我们感觉就像那些水手一样快乐且有意思。

"海！海！开阔的海！蓝色，新鲜，永远

---

① 希腊神话中的风神。与黎明女神（Eos）结婚，育有四个孩子：西风（Zephyrus）、南风（Notus）、北风（Boreas）和东风（Eurus）。——译者注
② 北风之神。——译者注

自由!"

有风的时候我们最高兴,没有风的时候我们就不得不靠划桨。我们曾经在一个泥滩上搁浅,也遇到过沉船,还遇到过河水倒灌到船舱里。我们像康拉德①的海员一样,忘记现在是何年何月何日。每当我问起"拿破仑"明天是什么天气的时候,他会综合考虑各方面因素,然后做出一个十分肯定的判断,就像老天爷不得不按照他说的那样似的。每当大风掀翻了方形的竹肋帆时,他的脸上就会显露出统领全局的表情。他还会冲着船员——女士和其他所有人——呵斥,声音洪亮,不容反驳。随着天气逐渐变暖,有一天早晨他穿了一身夏装——一

---

① 约瑟夫·特奥多·康拉德·科尔泽尼奥夫斯基(Joseph Conrad,1857—1924),英国作家。康拉德有二十余年的海上生涯。其间,他曾航行世界各地,积累了丰富的海上生活经验。康拉德最擅长写海洋冒险小说,有"海洋小说大师"之称。1886年加入英国国籍。——译者注

件蓝色衬衫（带有中式后摆）、一条长至膝盖的白色裤子和一顶圆形的无边帽子。帽子顶部有一个纽扣。这让他整个人看起来像一名大学新生。他依然留着山羊胡子，神情严肃，但是那张夸夸其谈的嘴再加上那张脸总是让人忍俊不禁，以至于连续几天，每当看到他的时候，我都不得不给自己找很多事情干，这样可以避免过于草率。

阿胖和大副每次晚饭时都脱下外裤，只穿一件外套防蚊。因为有蚊子，在离开上海之前，我购买了一顶日式蚊帐。但不幸的是，这顶蚊帐要么是只能用来对付大个的昆虫，要么就是由于制造商过于节俭、偷工减料，每天早上我总能发现十多只吃饱的蚊子——它们就像格林兄弟笔下的狼——钻进来吃饱后飞不出去。我把这些展示给阿周看，他总是表现出很不屑的样子，并说："哦，它很胖，飞不动了！"似乎根本没有意识到这些蚊子咬了他的雇主,也就是我,才使我变成这种福斯塔夫式①样子的。

"拿破仑"对农村十分了解,通常会找到几乎没有蚊子的地方,然后抛下锚,但偶尔也会遇到大片蚊子,然后——与成千上万只发出嗡嗡的声音——形成一次完全难以描述的"蚊香"交响曲。在船舱里,我使用了一种日本的廉价驱蚊棒——味道十分难闻,但效果很好。阿周点燃了一盘中国蚊香,散发出明显的毒气,从"启示号"后面散发出难闻的气味,像柯尔特45式手枪的威力一样,不仅能够阻滞一个人,而且还可以击倒他。

因此,住家船并不完全是天堂。当没有更好的地方停留时,我们会停泊在黏稠的绿色池塘里过夜,也许人们还在这个池塘里洗山羊、

---

① 福斯塔夫是莎士比亚创造的一个最著名、最复杂、最矛盾、最生动、最受观众喜爱的喜剧人物。——译者注

刷黄包车、淘米。有的村庄在中午阳光的照射下散发出"香味",会彻底把人赶跑。有人说"不见那不勒斯不死心——见到就会被它的味道熏死",其味道与这里相比只是小巫见大巫!

但这又能怎么样呢?造就人类的并不是那些易受污垢影响的卑微灵魂!在这个世界——特别是西方世界——有谁可以站在木匠铺,呼吸樟脑、山茶花和日本雪松混合在一起的那种刺激、芳香的气味?在哪里才可以看到水稻田上的薄雾?又在哪里才能听到报雨鸟平静地唱歌——它们告诉披着蓑衣的搬运工一场暴雨即将来临?

3

一座宏伟的三拱桥表明我们已经抵达杭州市郊区。"拿破仑"据说出生在某座桥下的一艘平底船上,但"重回故地"的他并没有表现出什么特别的感情,只是大喊一声"罢桨!"①,意思是"搁桨停划",或者是"抬桨!",②意思是"使劲划",声音比以往更洪亮。一两天前,他告诉我说他完全不打算把船驶回到上海,而是打算无限期地留在杭州。这是我们协议中的一个疏漏点。在我脑袋一片空白的时候,我曾想过我们的住家船总会回到原来的起点;所以现在,我期待看到自己连同繁重的行李,出现在乱哄哄的杭州码头。

穿过大桥大约两英里的地方,聚集了一大批仓库和船舶,大运河在这里戛然而止。杭州与我们去过的其他城市都不同,它与大运河之间还有两英里,而这一段是由一条狭窄的水道联通起来的。水道很窄,根本容不下"启示号"。

---

① 原文为 Baaza,此处为根据上下文音译。——译者注
② 原文是 Taysa,此处为根据上下文音译。——译者注

所以我们在大桥附近停了下来。

"这座城市的庄严和秀丽,堪为世界其他城市之冠。这里名胜古迹非常之多,使人们想象自己仿佛生活在天堂。"①这是马可·波罗1392年对杭州的印象。然而杭州还有另外一个极端,1861年杭州城被太平军围困,人肉被挂在街上公开售卖!今天的杭州已经失去了那位著名威尼斯人所描述的荣耀与繁华,但与太平天国时期相比已经改善了很多。

走在杭州的小街道上,织布机的轰隆声提醒着人们,这座城市的丝绸最为上乘。也许世界上没有其他哪个城市敢自夸能拥有一万台手工织布机和八千名高级织工——我在这里有意使用"自夸"这个词。因为有一些东西,从耐克的胜利系列产品开始,到现在那些能够带来

---

① 摘自《马可·波罗游记》(北京正蒙印书局1913年版)。——译者注

家的味道的松饼和肉馅饼——这些东西即使存在一百万年——都是机器制作而成,永远不会像人类手工制作的那样充满灵气。

4

快乐的中国人用十分形象的语言描述西湖边的风景,让人能够望文生景。西湖位于杭州西边。"南屏晚钟""苏堤春晓""双峰插云""柳浪闻莺"——这些名称和其他许多名称描述的场景都能给人带来一种宁静、愉快的感觉。绿色的小岛、常春藤环抱的寺庙、苔藓覆盖的洞穴,还有垂下的柳枝就像喷泉安静地躺在池塘上面,这给我带来了一种突然的直觉,《夜莺》[①]这个故事只能发生在中国,不可能产生在其他

---

① 《夜莺》是丹麦作家安徒生创作的唯一一篇以中国为背景的童话故事。——译者注

国家。

"你大概知道，在中国，"这个故事一开始说道，"皇帝是一个中国人，他周围的人也是中国人。"然后故事继续，皇帝在一本描述他花园的书中读到，夜莺"是这一切东西中最美的东西"，然后他就派侍臣寻找这只夜莺。侍臣们辛辛苦苦地寻找了很长时间也空手而归。"但最后，最后他们在厨房里碰见一个穷苦的小女孩。她说：'哎呀，老天爷，原来你们要找夜莺！我跟它再熟悉不过，它唱歌很好听。每天晚上大家准许我把桌上剩下的一点儿饭粒带回家去，送给我可怜的生病的母亲——她住在海岸旁边。当我在回家的路上走得疲倦了的时候，我就在树林里休息一会儿，那时我就听到夜莺唱歌。这时我的眼泪就流出来了，我觉得好像我的母亲在吻我似的……'

"'小丫头！'侍臣说，'我将设法在厨房

里为你弄一个固定的职位,还要使你得到看皇上吃饭的特权。但是你得把我们带到夜莺那儿去……'"故事还在继续,最终安徒生赋予它最纯净的金子般的美好结局。如果这些年的经历没有给我们带来这么多痛苦、悲伤的挫折和回忆,我们可以继续聆听并享受这个故事。

西湖最南端有一座古老、破旧的雷峰塔[①],它面对着蓝色的山丘,就像一个哨兵从灌木丛中拔地而起。这座塔是为一位吴越国的皇妃而建造的,她可能根本没想到一千多年后,全国各地的女性都跑到这里来,捡这座宝塔的砖片并当作宝贝。传说这能够使她们的蚕丝制作出更加上等的丝绸布匹和服饰。雷峰塔边上的山谷中有一座佛教寺院,它闪亮的金色墙壁吸引了我。身着灰色僧衣的僧侣们正忙着制作泥

---

① 根据上下文推测。——译者注

像，制作完毕再放在阳光下晒干。寺院门口是皱着眉头的守卫（四大天王）和一直在笑的弥勒佛（据说他已经因笑得过度而死）。进入寺院后，一股浓重奇怪的香味——与通常的香味都不同——扑鼻而来。在庄严的大殿中央，我很快找到了这股香味的来源。印度檀香木雕刻的三尊大佛，端坐在新雕刻的基座上，排成一排。它们还没有上漆，能够很清楚地看到肩膀和头部的连接点做得十分仔细。对于西方人来说，与折扇、珠宝盒和其他女人相关联的檀香木制品很常见，但是看到用檀香木雕刻的三尊三十英尺高的大佛的确令人震惊！我们穿过第二个庭院，在一名个子不高、看起来很快乐的僧人带领下转向右边，又穿过几个大殿之后来到一个小的佛殿，里面摆放着一座微笑、镀金的佛像，与我以前见过的任何其他佛像都不一样，它伸出手指向下指向面前地板上的一个井口。那个小僧人停了下来，把手搭在腹部，给我讲了下面这个故事，阿周立即以极大的热情做出了翻译。

5

几百年前，一些来自南方的僧人决定在湖边这个绿色山谷的小村子里安顿下来。虽然他们并没有什么想要的东西，但是很快就激发当地村民建造一座大型寺庙。许多人自愿、热情地参与寺庙建设，但是材料非常缺乏——特别是横梁和柱子，今天所有中国寺庙依然用这种木材来建造框架结构。获取这种木材最近的地点是在几百里之外的福建——这对于村民来说就像是天涯海角，就像他们微薄的收入根本无法支持建造一座寺庙一样。

就在这个时候，冒出一个奇怪的和尚。这

个和尚无论是外表还是举止都十分不起眼,因此也很难引起这些正处于愁困中的村民的关注。首先,陌生人在那些日子里并不是特别受欢迎,除非他能够得到熟人的强烈推荐。其次,这个陌生人有一些特点使人们不能轻易地忽视他,即使是朋友也不能。他自称是一个和尚,却没有严格要求自己只吃豆腐和卷心菜这些他应该吃的素食。只要受到邀请——这不是经常——他就会大吃牛肉和猪肉,甚至还有人看见他喝了很多米酒。他很懒惰,胸无大志,也从来没有人见过他像别人那样端水洗澡。最糟糕的是,他还总是笑呵呵的。

"看这里,胆小鬼,"村民们最后说,"如果你没法帮我们摆脱困难,那你至少应该庄重一点,不要像猴子到处咧着嘴笑!这太不像话了,我们都已经这么痛苦,你却还那样。"

"这有什么问题?"和尚问道。

谦卑!这个家伙装作根本不知道哪里不对!如果领头的僧人让他把木材从福建一根一根背到村里,这也是他自找的。

这个僧人开始严肃起来。"哦!"他说,"如果你们想要搬木材,尽管找我。"然而,他却消失得无影无踪了。

另一半故事发生在一位吴姓女士的房子里。这位女士很富有但也很自私,她的房子位于福建的一处大森林边上。一天晚上,吴女士睡得不太好,因为她窗外的庭院里整夜都传出烦人的鼻音歌唱声,还伴随着单调的敲锣声和烦心的吱吱声。这个声音不像之前大多数吵闹声那样在黎明时停下来,而是一整个上午都持续不断,并且越来越强烈。所以,最后她让她的父亲出来看看到底是怎么回事。

"庭院里有一个和尚来回踱着步子,想请你帮忙。"她父亲说。

此时，这位女士表达出了慈善之心这一善意的一面。然而她那吝啬的本性却又压制了这一仅存的善意。她想，看看这和尚到底想要什么应该不会有什么损失。于是，她把和尚请进来，展现出一名贵妇的欢迎礼节，并借机问他有何贵干。

"我只想要一些木头填满这件斗篷。"和尚回答。

女士并不想送出自己的任何东西，但经过一番思想斗争她还是同意了。和尚来到丛林，并以闪电般的速度将一棵又一棵大树裹进他的斗篷之中。只见树木刚被他选中便随着一声雷鸣般的响声从地面消失了！

当吴女士上气不接下气地赶到现场时，和尚正将最后一棵树的树桩包进斗篷中。吴女士随即开始责备他。然而，此刻和尚以巨大的比例膨胀起来，并说道："这只是你自私的代价。"

随即，女士便跪倒在地并"悲恸低泣，拭抹热泪"。

"但是，"和尚补充道，语气稍微缓和下来，"考虑到你不是完全那么小气，这树林会在三年后重新长回原来的模样。与此同时，你将有足够的时间对自己的自私行为好好反省。"说完他便再一次消失，一两天后又出现在村子里的湖边，一边抽着他的长杆烟，一边像从前般傻笑。

"哎，你这吹牛皮的家伙，找到木材了吗？"村民们以这种方式跟他打招呼。

"嗯——找到了。"他一边嗑瓜子一边答道。

"那在哪呢？"村民们追问道。

"井里呢。"他一边咯咯地笑着一边答道。

村民们与其说是相信了他的话，倒不如说是为了证明他是一个傻瓜。他们将一支蜡烛探进井内，确实无误看到了下面矗立着一根巨大的方正木材，有一头已露出了水面。他们装好一个架子吊起木头,再由五十个大汉用竹缆将其拉出。这头刚拉完,那头便在同样的位置又浮出一根木材。很快,一大垛木材堆在了寺庙的选址处。

"木材够了吗?"和尚笑着对领头木匠说。

"是的,师父。"领头木匠连连点头答道。直到此时,所有村民都知道了这位和尚是一位神灵。然而,这名领头木匠在跟神灵讲话时不免有几分紧张,在计算过程中出现了点小差误。于是,在他们准备盖顶的时候发现少了一根大梁。

"井里还有一根木材。"和尚说道,咧着嘴冲着村民们笑(村民们也毫不做作地朝着他笑)。

接着他们再一次搭起了架子,并由五十名大汉拉着竹缆,但这次却拉不上来。于是他们派了六十个人、七十个人来拉绳子,最后整个村子里的人都来拉绳子,但绳子断了也没能把木材挪动。

"没关系。"和尚最后说道。当晚他只身在寺庙，将一大堆碎屑卷了起来，将其捏紧，再拉出变成了一根巨大的木棒。随后他便永远地消失了，唯有那根木材依旧卡在井中。

小僧人展开双手，拿起了身旁的蜡烛，点燃后小心翼翼地用绳子吊着它放进我们眼前的井口。我们凑过去，目光紧随蜡烛往下看——三十英尺、四十英尺、五十英尺，蜡烛最终定在了某个位置。在那里，一根大而方正的木材从井底牢牢地升起并在黑漆漆的水面上露出了一英尺！

今天，当你前往西湖南缘雷峰塔旁边一座名为净慈寺①的寺庙时，如果愿意可亲自朝井底看看那根木柱，验证这一故事的真实性。

---

① 根据传说，这名和尚就是济公，这口井现在被称为"运木古井"。——译者注

6

在大运河尽头,我在住家船的甲板上画了两周的画。在那里,一座古老的明代寺庙矗立在水边的堤岸,参天大树环绕四周。这里也是住家船过夜停驻之处,停留过夜的帆船绵延了一英里长。大运河的水面像一面巨大的镜子,安详、寂静地倒映着夜空中的星。在宁静的夜晚——六月的浙江夜晚大多很宁静——寺庙的白墙在平静的水面倒映出另一面白墙,黑色的房顶边缘图案丰富,把天空剪裁出简洁伟大的造型。有时候,黎明前沉静的几个小时里,会传来一阵孤独的歌声,那歌声如同闪亮的丝线,编织进人们的梦中。我不知道那是谁的声音。它似乎有着强烈的美感——然而,理所当然地,当人们在半梦半醒状态时,声音便失去其真正拥有的美感。只有在完全清醒的状态下才能感受其魔幻般的魅力。

于是,有一天夜晚我坐在甲板上等待。大副和他弟弟在一英尺以外的船舱顶上安详地睡着——那是他们的夏季住所。夜色像往常一样寂静而晴朗。点点繁星倒映在漆黑的水面,就像银色的月牙在游来游去,鱼儿们或许对此十分向往,快乐地跃起追寻着它们,拍打出清脆悦耳的水花声。远处深巷传来犬吠,一声、两声、三声,而幽深的夜色仿佛在劝慰它平静下来。一艘没有照明的小船毫无踪影地在运河上行驶。随后,一切回归平静;而在天空深处,"天堂守护女神"稳健地闪耀着。

紧接着,寂静中传来了我一直在等待的声音。由于距离较远,声音比较微弱,但在不断重复着一个旋律,圆润而悠扬,仿佛《特里斯坦》①里牧羊人手中的牧笛声。这是巡夜者,一位歌唱的巡夜者!声音沉稳,一起一伏,仿佛正向睡梦中的杭州市民捎去平安的信息。但于我而言则是强烈、激荡的喜悦,我端正地坐在星空下,零距离地享受着这古朴、忘我的感觉。

"底比斯……迦太基……巴比伦。忧郁的大胡子男人……这些星星……这些……在幼发拉底河上!

"摩押之山……大卫……"

渐渐地,声音越来越近。紧接着,带着让人窒息的美,传来了那首歌的变奏曲——一段奇特而震撼人心的音程,比德彪西的音乐更加现代,比运河边那座寺庙的墙壁更加古老。我倾听片刻,脉搏快速跳动,急忙走进屋子里寻找一支中国长笛(大副曾教过我吹这种长笛),

---

① 西方家喻户晓的爱情悲剧。——译者注

以便能更容易记住我刚听到的音符。但当我在黑暗中摸索时,那位歌手又折回原来的旋律,刚才更为短暂的另一段旋律便消失了。

我一直听到声音完全消失;离开住家船前的另一个晚上也听了一晚;但此后再也没听到过那一段迷人却已逝去的音乐。在我看来,这段旋律也许由一些让人好奇的音程构成。在一些东方音乐之中,这种音程就穿插在我们西方那种较为固定的范畴之内。又或许这正是那些美丽而庄严的宣言之一,时而来到我们每个人的身边,我们带着渴望的心情去迎接它,试图洞悉另一个世界的奥秘。那个世界环绕在我们周围,充满着比我们已知的美好更为精妙的事物——可是谁又知道呢?

第二篇　河流之城

第四章

1

离开住家船毫不费事。"启示号"就停在一艘蒸汽船边,几个人小心翼翼地帮我把盒子和帆布搬上船。(这与自由国度、勇士之家的做法大相径庭!)我们友好地告别。三天之后,我们再次站在了东方大酒店的大堂。

我们在住家船时行李特别多。我脑袋里思绪万千,身体却被束缚在噩梦之中。有时候梦里首先出现的是一个花岗岩颜色的水壶,梦醒时则出现了如同中年妇女身形那样的大铺盖卷。

"这一次,"我大声说,"我们要把行李减少到极致!"

"此话怎讲?"身旁的阿周恭谦地问道。

"这一次我们乘坐中国蒸汽船沿长江而上,赶一赶中国的旅游时髦,只带少量的箱子。如何?"

"可以。"阿周立马回答。

第二天下午三点,一小排黄包车停在东方大酒店门前。阿周和我乘坐的两辆黄包车空空如也,其他三辆则装了七大件行李。它们似乎在沾沾自喜地说:"我们一共七件。"

"为什么要带这样大件的行李?"我质问阿周。他将打包的细节抛在脑后了。

"我以为……所以你才说'只带少量的箱子'。这一次,我们不带箱子!"

没错,唉!没有"箱子",取而代之的却是七个大包裹!没有时间重新整理了!蒸汽船将在半小时内开船。黄包车车夫大声叫喊着,匆忙离开南京路,以一种与古老希腊方阵相似的队形前进。路上的行人看见我们过来纷纷跳开，他们对时间的精准判断就像林肯公路①上的家禽。一名印度教警察，或许是带着对贾格纳神②之车的天生记忆，管制了半个街区的交通，让我们顺利通行。其他的黄包车犹豫不定，怯生生地快速离开不断靠近的楔形车队。黄包车车夫向右拐进了一条更加静谧的街道，他们现在就像一群安静飞奔的大型鸵鸟，穿过狭窄的法租界，来到宽阔的法华民国路③，继续沿江边前行，那里停靠着一艘巨大的中国蒸汽船。我们刚登上船，汽笛就发出了起航的长鸣，小工们高喊着解开缆索。蒸汽船在水上交通的嘈杂声中顺流而下，我们为港口飞速变化的万花筒又

---

① 建于1913年，为纪念亚伯拉罕·林肯而命名。公路穿越美国东西十二个州，连接旧金山和纽约。
② 印度教中主宰宇宙的神。——译者注
③ 即今人民路，上海市黄浦区的一条呈半圆形的道路，系民国初年拆城填濠所筑的道路。——译者注

增添了一道飞速驶过的片断。

在我们前方，六艘宏伟壮观、外漆奇特的海洋舢板停在一艘整洁美观、造型优雅的游艇旁，宛如伊丽莎白宫廷上胖乎乎的外国大使。在我们左侧，五百名赤裸上身的搬运工在码头上堆积如山的大捆货物中挥汗如雨、引吭高歌；距离他们不到一百英尺有一座公共花园，里面有一群十分可爱的头发金黄、脸颊粉红的孩子，就像中央公园或卢森堡的孩子们那样。花园里的树木高大而整洁，树荫下是灿烂的紫苑花丛，孩子们正在花丛中玩耍！（我想，任何一位尝试描绘江边景象的画家都会被指控是彻头彻尾的未来主义派！）

在上海下游十三英里处，我们穿过了著名的吴淞防御工事——也就是中华民国的萨姆特堡——随后，蒸汽船大幅左转，我们看到了一片宽阔而熟悉的黄金之水。我们已驶离黄浦江，正航行在——"大能者""海洋之子"——长江的宽广胸怀中。

显然,这条河流的伟大神灵想必十分包容我们这些微小的人类。一万年以来,她用自己黄褐色的伟大胸怀容纳了成千上万的帆船,使长江成为世界上最有价值的水道。这种平底帆船运输已经延续了漫长的岁月,但这条河流如日中天的盛景才刚刚开始。这条伟大的河流现在已经成为一条国际"高速公路"。不久之后,其航运贸易将突飞猛进。与此相比,此前中国整部外贸历史都将黯淡失色。"贸易的浪漫就在于浪漫永无止境。"罗利爵士[①]之后的每一位海洋作家都会引用这句话。诚然,达布隆金币[②]堆至"船舷上缘"的西班牙大帆船不再浩浩荡

---

① 沃尔特·罗利爵士(Sir Walter Raleigh,约 1552—1618),英格兰探险家、作家,组织数次航海探险。——译者注
② 从前西班牙金币的名称。——译者注

荡，而威廉·基德船长①和拉菲特兄弟②也不再会让船夫感受到野外历险的激动。不过，熟读英国劳氏船级社和国际航运新闻会的报道和历史可以看出，最好的船夫和最好的船只仍然能够拔得头筹。无论我们以何种方式被束缚于何方，我们每一个人都会为此充满兴趣。原因在于，无论是荷马的《史诗》、康拉德的《青春》、梅斯菲尔德的《画匠》中那些遥远的呼喊，抑或是海洋自身如雷鸣般的巨大声响，来自遥远国度的呼唤永远不会变，它会一如既往地带给人们向往远方、成就远方的夙愿。

---

① 英文名为 William Kidd，出生于 1645 年至 1690 年前后的英法战争期间，著名海盗。——译者注
② 法国海盗。——译者注

2

沿江而上六百英里就是汉口。去汉口，"西式"旅行要花 40 美元，而"中式"旅行只需要 7.5 美元。我选择的是"中式"，船舱很小但很洁净，设有三个铺位，其中两个铺位在整个旅途中都是闲置的。餐点摆放在一张便携式餐桌上，一位管家几乎时刻在一旁照料。早上，他会主动送来热水；白天，每隔很短的时间就会补充茶水。总之，我的每一项需求都能得到最乐意最周到的满足。这一点人人都可以预料到。船上的餐点当然是中餐——大量米饭、豆芽、某种贝类、笋干、猪肉、卷心菜和茶。阿周自己提议购买了一张三等座的船票，花了 2.1 美元（想想看，航行六百英里只需要 2.1 美元！），结果他发现他认识船上的一位"船员"，于是就在一等客舱的大厅睡得十分舒适。

在河口上游六十五英里处,一座看上去像左岸的长岛在这里到达尽头,江面也拓宽至一片开阔的水域,与北边、东边和西边一道汇入地平线。不过,左岸很快又出现在远方,周围是广阔的平原,被起伏的山所环绕。泥土色的小村庄闲适地浸泡在软泥中(今年被淹没了,年年如此),而居民们则豁达地坐在高处的河岸上,等待江水退去。远方,一座古生代时期形成的悬崖峭壁壮观而又孤独,延伸到汹涌的江水两三百英尺处。悬崖顶端立着一座庙宇。

在每一个港口,蒸汽船的舷梯都在大捆货物、箱子、麦秸包裹的物品和熙来攘往的人群中摇晃。船下的小贩们叫卖着并没有什么特色的商品,蜂拥至舷边,沿着船一边的绳索向上攀爬。黑麦馅的糕点、红色药丸、葛粉果冻、油条和布娃娃迅速消耗了许多"水上乘客"的铜币。乘客们的草编睡垫在客舱前部的甲板排列成行。

一位上了年纪的小贩发现我不喜欢他那些潮乎乎的点心,便将篮子放下,摸索着寻找衣内的口袋,拿出一包破损的口香糖向我展示,眼神中透着不容拒绝的同情和理解。另一位年轻的小贩给我一份中国报纸,但看到我把报纸拿反了,便一边帮我纠正过来,一边笑得合不拢嘴,随后又把报纸放回背包中,好像他达成了一笔交易那样高兴地走开了。

第五天早晨,我们到达了干净整洁的汉口江边。我们逐步靠近,码头洁净的面貌依然如初。应该说中国的环境整体上并不整洁,在这里看到任何与汉口码头的整洁程度相当的事物,就会想到一句话:"嘿、嗨、吼、哈;我闻到了英国人的味道了!"[1]的确,这里是外国租界,

---

[1] 英国童话《杰克和豆茎》中的台词。——译者注

全部采用积木似的布局,像一块板子那样扁平。幸好,从海滨开始,码头的积木风格逐步消散;不过,就整体而言,汉口的荣光并不在此,而在于其新建的唐人街(中国商馆)。

如果说上海具有世界性,那么汉口就具有大都会气质——让人感觉这是一座正在成长的伟大都市。汉口被称为"东方芝加哥";晚间的太平路①拥有芝加哥任何一条街道都没有的社交才干,无数电灯透过小巧而明亮的磨砂玻璃球发出光芒,保守的珠宝店即便置身于巴黎和平街②上也不会显得违和,名品店里摆满了来自文明世界的精致润肤露和香水。

一条宽阔气派的林荫大道与太平路交叉(它仅仅只是太平路轻轻拐了一个弯,还是另外一

---

① 今江汉路。——译者注
② 巴黎和平街13号是世界著名珠宝圣地,这里坐落着卡地亚百年老店。——译者注

条宽阔的、精致大道中的一段并让人回想起奥斯曼大道[①]？）。这条大道的东端是一座巨大的混凝土娱乐场所——新市场[②]，其屋顶和大厅内设有各种娱乐设施，从中国戏曲、电影到台球、歌女应有尽有，甚至还有适合厌世者的隐蔽图书馆。其中一个演出节目内容丰富，包括用短剑、长矛和双剑等兵器表演的防身技艺展示。这个节目精彩绝伦，演员们在他们的脑袋和身躯四周挥舞着兵器，姿态带有俄罗斯芭蕾的优美。几小时的娱乐消遣后，我在出门之际发现这些晚间娱乐花费（哥伦布圆环[③]，请模仿）竟然高达四十七美分！

[①] 位于法国巴黎，坐拥巴黎两大顶级购物商场——巴黎春天和老佛爷百货。——译者注
[②] 始建于1919年，始名汉口新市场，与上海大世界、天津劝业场并称三大娱乐市场。——编者注
[③] 美国纽约市曼哈顿里的一个地标，1905年建成，纽约市的媒体和娱乐中心。——译者注

3

汉口并不是长江这一段流域唯一的居住区，因为距它不到两英里还有两座著名城市——长江边的武昌和汉江对岸的汉阳，而汉江从汉口上游处汇入长江。不过，当我访问过汉口这两座姊妹城市后，有一种强烈的感受：至少就商业方面而言，这两座城市都让人失望。

汉阳遭受过的损害似乎最为严重，和汉口比起来的确让人备受煎熬。早在汉阳繁盛时期，一批贸易王侯曾一度叩拜于其大门前，大献殷勤。而那时汉口只是一个被人忽略的村庄。但是今天，即便是以汉阳命名的大型钢铁厂——汉阳钢铁厂也远在汉口，在汉阳连工厂里那一百八十英尺高的烟囱都看不到。

的确，我在某天中午走过这座城市的滨江

区，看到它的肮脏和污秽时，不禁感到痛心疾首。它看上去就像是一个被上帝遗忘也遗忘了上帝的地方。龟山——位于汉阳和汉口之间——头部有一座巨大的道观，里面空空如也、破败不堪，底部则是散发恶臭的棚屋群。几步之遥的另一座寺庙里——香炉不知去向，牌匾被毁，漂亮的雕刻品已经裂开受损——已经成为骑兵的马厩。一个曾为世人朝拜的地方被人遗忘、沦为废墟，这可能会给它蒙上一层尊贵的色彩；然而，一座寺庙（即便是异教徒的寺庙）被用作垃圾堆积场和马厩，无疑会给人带来一种深沉的、无法言表的悲伤。要知道，人们曾带着神秘的信仰在这里瞻仰、祈盼超越自身的事情降临。

城里的院墙内还有其他寺庙，它们也都布满灰尘，遭受着不同程度的损毁。我自言自语道："这是一片无灵之地。"但就在这时，我在一座结构别致的小建筑物面前停下脚步,它通往一座内院,四周有许多房间和走廊,宛如修道院的餐厅。一排排旧桌子充满着青春气息,遍布整个屋子。四下无人,我参观了一下再次来到外廊,发现门边一块白板上刻着几个汉字,似乎下方还附有对译的英文:

海子藏①先生(上面写道)听闻廖先生②重建汉阳基督教中学,特捐赠一笔钱以作此用。今已完工,此寥寥数言,谨作纪念。

公元 1919 年

我沉思后说:"我想汉阳已亡。"

"不,我的朋友,"一个悦耳的声音在我背后响起,"汉阳未亡。"

---

① Hai Tze-Chang 音译。——译者注
② Rev. Y. K. Lieo 音译。——译者注

我转过身,看见一位面容和善、头发花白、戴着眼镜、具有学者风范的中国长者。

"我们基督教中学,"他和蔼地笑着,补充道,"认为汉阳才刚刚开始焕发新生。"

4

穿过两英里宽的长江,可以看到武昌的灰墙。武昌拥有灿烂的历史,同时因为湖北省政府坐落于此而倍显尊贵。毫无疑问,她可以带着宽泛的哲学观注视汉口——这个长江对岸的淘气小子——的成功。或许,她早已预料到这类事情会发生。就如同在格林兄弟的古老童话故事中,当炭灰和灰烬被清扫而光时,灰姑娘的姐姐想必偶然意识到了妹妹身上将要发生的事情。

武昌灰色浓郁、极其古老,这对于整个中

华大地而言也同样如此。这座城市已经存在了近三千年,在大部分时候都扮演着都城的角色。诸侯烟消云散,王朝逐个覆灭,它们就像纸牌倒下一样。然而,就在长江奔流不息地顺流而下、奔向大海之际,武昌仍然平静地俯瞰着一去不复返的江水。

"河对岸的渔村汉口又是怎样一幅景象?成堆的熊熊大火是什么?那些能够把岩石融化成炽热的液体并流入沙中变成滚滚浓烟的巨大黑烟囱又是什么?还有那些雄伟的大厦、巨大的铁船、向北闪烁的铁路呢?"

"这是一座新城。老朋友,伟大的城市——令人骄傲的、正在崛起的汉口城!"

"好吧……这里有许多许多城……"这座古都回到了幻想中的时光:伟大的孙权对城墙发起猛攻,最后取得胜利,在城垛上负伤而立,并宣布此为吴国的都城。

一座寺庙坐落在一块巨大的岩石上方——这与我在汉阳看到的那片悬崖类似——这块巨石赫然高耸于武昌的城墙上方。岩石象征着蛇（山）的头部，与对岸的龟山隔岸相对。在武昌的背后，一系列蓝色山脊构成了卧龙的背脊。据说，这三种动物分别守卫着三座城市的利益，而汉口的横空崛起常被归因于三种动物的出现。然而，汉口是三座城市中在其地域内唯一没有象征性动物存在的区域，因而它们作为城市神灵的效用也面临着争议。

我们乘坐舢板横渡长江到达武昌，立刻发现蛇山山头的寺庙与对岸龟山山头的寺庙遭受了同样的损毁。寺庙的大厅变为茶铺、酒摊、照相馆，而神灵们则被转移至一间上房的四个小壁龛中。

在宽敞的寺庙大院内，神情肃穆的占卜师散布在院内。他们坐在小桌旁，准备（不，是等待）为过客占卜算卦。付三百现金（三十美分）可以简要了解未来，四百现金可以详细了解来龙去脉，而五百现金占卜师则会毫无保留地告诉你所有事情。我决定冒险一试。

我让阿周聚精会神地聆听所有相关信息，自己则坐在"先知"的桌边。桌上杂乱摆放着几本书，"先知"面容亲切、戴着角质架眼镜。他的全套占卜装备就是一双并不洁净的手和一整套像剃刀一样的长指甲。他随即在我面前舞弄他的指甲，其狂热程度不亚于神经紧张的音乐大师。我在一旁端坐静候，希望这次预言的内容不包括我的视力会立刻下降。他感知我的思想、拍打我的胸腔、察看我的手掌，如此一番预热之后，他抓住我的左手开始占卜。他嗓音低沉，像一座集合钟那样从喉咙中发出。一分钟后，我被一大群热切的人围在中心。三分钟后，所有的出口都被人群堵住，我甚至无法呼吸和讲话。

"先知"的预言就像表格的形式一样,每一点都是用简短、精准的句子进行表达。说每一句话前他都要大声呼喊"呀哈啦"!人群不断呼出的湿气和持续不断的"呀哈啦"冲击着我的耳朵,我决定五分钟之后离开。我起身微笑、鞠躬,表达了感谢和去意,并尝试挣脱"先知"紧紧抓住的手,然而他却抓得更紧,在我的周身说着"呀哈啦"。他会欺骗一个外国人吗?不,不!四百现金已经付了,而"呀哈啦"只完成了一半!

最后(我开始产生给他一拳然后趁乱逃离的想法)他松开了利爪般的手。我们在一片潮湿的气体中起身,挤出俄式澡堂般的人群,他们在我们面前恭敬地让出一条安静的道路。手表上的时间过去了九分钟,他已经预言未来会发生什么,或许有详尽的细节。虽然我对他说到的任何信息都表示相当怀疑,但我必须承认我对大量的细节还是相当好奇。

我问阿周:"占卜师说了什么?"

"哦,"阿周说道,"他说'祝你好运'!"

第五章

1

　　汉口下游一百三十五英里处，一艘白色的蒸汽船在自身动力与水流的推动下沿江而下。察看前方的急流后，蒸汽船调头再次驶向上游，然后在右岸旁的一个浮动船坞缓缓停下。船坞上方是一条绿树成荫的街道，街道上方就是九江市。蒸汽船还未来得及停稳——甚至绳索还未拴紧、踏板还未伸出——无处不在的一大群小贩便争先恐后地跳上甲板，他们与江边沿岸的其他小贩相比有明显的差异：每个人手上都提着一大篮子瓷器。搬运工们高喊着、比画着，给到达九江的乘客搬运行李。小贩对搬运工全然冷漠，在狭窄的甲板上排开易碎的瓷碗和香炉。很快，这艘船似乎不再是一艘船，而是变成了一个飘浮的瓷器市场。这场瓷器制品展示看起来令人惊讶，展品的质量却并非上乘，但它们预示着岸上可能会有好货。

看完江边几家本地酒店后，我进入城内看了更多的酒店。它们都非常脏，我甚至找不到更合适的形容词来加以形容，如果这里出现一家外国酒店，那于我将是一种极度诱惑。不过我幸免陷入一场道德论战。九江没有涉外酒店！

当我们返回江边一家相对不那么脏的酒店时，其中一名搬运工突发奇想——在中国，这种事时有发生！——于是我们跟随他，沿着城墙外侧前行，来到了一座别墅。别墅四周种有乔木，还有一座长满鲜花的繁茂花园。花园另一边是一个湖，中心有一座小岛，上面有一间寺庙，湖中倒映着远处山脉的紫色山脊。这栋别墅——曾为一位清朝官员所有，他的遭遇令人唏嘘——是一座顶级中式宾馆。我住进了楼上一间极好的房间，正对着湖那边的庐山，我心存感激地度过了几天安心的日夜（住在中式房间正是这种感觉）。

2

显然，我们到达九江的那天是一个喜庆的日子。爆竹声从四面响起。门廊上方，成对的红油纸灯笼闪闪发光。街上每隔几步就有临时搭建的小摊，上面摆满了奇形怪状的纸人和纸马。酒店有一位经理略懂一点儿英语，我问他这些是什么活动，他回答："今晚要驱鬼。"

我知道，佛教有十大阎罗王、十殿地狱，每个阎罗王掌管一个地狱。还有其他许多个鬼，或有名或无名，或好或坏，或强或弱，或富有或贫穷。有时候，人们会奉上食物当作供品，烧一些纸钱，以平息魔鬼的怒气，避免疾病和不幸的降临。但对于"驱鬼"，我可是一无所知。这一次似乎正是搞清楚的好时机。晚上九点，街上挤满了人，有老有少。窄巷里，亮着的灯笼发出深红色的光。前面几座纸庙周围还比较冷清，只有三五个人在它们旁边徘徊，还有一两位长发道士在幻想中的门廊内点起蜡烛烧起香。但远处街道上传来了古怪响亮的敲锣声和奇怪的乐曲声，声音凄凉，时起时伏。驱鬼开始了。

　　在主街道上有一幢长条形、洞穴似的建筑物，两名夸张的纸恶鬼凶神恶煞般地站在前面守卫。建筑物内，沿墙摆放着镀金的人力车、轿子、船和寺庙，肆意散发着光芒——更夸张的是还有一只华美而奇特的生物，身着金制鳞片，头顶银制独角，身上还坐着一名华丽的纸骑手。两边的矮凳上摆放着供奉魔鬼的白酒杯、茶叶、百合和其他不太昂贵的佳肴。而魔鬼身形短小，在靠近地面的地方举行盛宴。这一次，我对本国魔鬼的兴趣完全超过了对外国魔鬼的兴趣，站在人群边缘聚精会神地望着，没有人注意到我。

在一间内室，僧人们叩首在地，在精雕细琢的木制神像前反复诵读经文。外面的平台上，世俗的礼拜者正跪身三叩首，起身时将一些钞票放入身旁的盒子中。随后开始一个新仪式。这些僧人向前行进，缓慢绕平台三圈，然后朝着湖的方向走出大门。漆黑的湖面上，数百盏小灯连成一条线，弯弯曲曲地向对岸移动。众人拿起纸人纸马，效仿僧人们放入河中。沙弥站在城垛举着火把，火把暗暗发光，照亮了围观者的面庞。我也学着他们——就像一个即将进入梦境的人。

行进的队伍停在了沙滩上。僧人们继续前

行，他们将供奉的食品倒在地上，把纸马车和纸骑兵放在一些稻草上，用火把点燃。在一阵震耳欲聋的锣鼓声中，这些魔鬼在火红的烈焰中扭曲。在火光中，我看到了自己朴素的脸；突然，这天晚上，就像那天晚上巡夜者响彻四方的古老歌谣，像铅锤一样把我拉回了几个世纪以前：

我是国王……我是拉美西斯，没有男人哀悼，没有女人哭泣……为你燃起熊熊大火。把祭品献给奥西里斯……

这些高僧身着质感垂坠的长袍；住持身披红色袈裟，双手摆出埃及阿布辛贝神庙的浅浮雕造型；这群眼神忧郁的人受到恐惧的驱使，开始制作烧祭、倾倒祭酒——当然——这当然是比埃斯库罗斯更早的古代戏剧场景！

人群渐渐散去。水面漂浮的灯就像尼罗河上的那样：一个接一个闪烁摇曳，然后熄灭。不过，作为补偿，伊西斯女神①的月亮圆盘升了起来（它们不是吉萨②的山吗？），温柔的月光之箭遍布山谷。或者也许，毕竟，这是更晚些时候。不一会儿，一艘有深紫色帆和银色桨的大木船在月光下闪闪发光，它可能正驶离岛上的黑弥撒③，划向一片柏树，那里有一位罗马领事正伫立静候在柏树群阴影中……

"我想你来酒店会更好一些。"一个疲惫却熟悉的声音建议道。"这边有很多抢劫者，有很多小偷。"这番话迅速把我的思绪从最久远的地方拉回这个辉煌的——不过也没有那样辉煌——20世纪。

---

① 古埃及宗教信仰中的司生育和繁殖的女神。——译者注
② 埃及北部的一个城市。——译者注
③ 一种宗教仪式。——译者注

3

　　九江的市集摆满了景德镇生产的优质瓷器。景德镇位于九江东南方向五十英里处——一千多年来，这些易碎的瓷器作为上乘之作被进贡给十朝皇帝。江边的瓷器店一直延伸至后面一条长长的平行街道上，甚至还扩展到了城墙和长江之间一条狭窄的小道里。古董鉴赏行家可能会找到比这些瓷器店更偏远，但却更有意思的藏宝地，那里的商业流动速度不如这里这么快。但即便在九江，鉴赏家也可能会在某些积满灰尘的偏远商店里突然遇到一个中意的罐子、花瓶或蛋壳杯。这时候千万不要让他发出"啊！"或"噢！"的声音！一声"啊！"会使价格翻倍，两声会使价格翻两番，任何爱不释手的表现都会使物品的价格呈代数级疯狂上涨。

我在几乎对这个规则一无所知的情况下，在九江停留了三天，买了八件瓷器——一座蓝黑相间的弥勒佛像；一个色彩鲜艳的八边红罐子（至少产于1911年辛亥革命之前）；一个古老的青花瓶，很可能是明朝的，"被切割成了素烧坯"；三个象牙白香炉；一个印有绿龙的黑罐子，无法归类却很漂亮；一只明显年代久远的无尾狮，这是从街上小店尘封的垃圾堆中拯救出来的。我想知道它有着怎样的历史。狮子旁边的架子上有一个小琉璃瓶，它的历史又是怎样的？这个琉璃瓶上写着："樱桃牙膏。皇后御用！"

江边市集上的两个巨大的灰色花瓶，荧光色的釉面和流动的线条十分诱人，似乎在不断恳求别人把它们整体带走。但我不能这样，行李已经开始预警。最初的"七乘以一等于七"已经变成了"七乘以二"。我想，虽然阿周不会介意,但是再给他那窄小的肩膀强加任何笨重易碎的物品是极不公平的。

我们将于次日清晨离开九江。傍晚回到别墅时,我穿过闪着光芒的罐子,把头转向一边,像一名善良的人做出了巨大牺牲。但在到达酒店后,我发现桌子上有一堆高高摞在一起的精美饭碗,共有三十六个,用稻草捆在一起。似乎阿周自己购买了一些东西!

4

显然,外国人坐一艘小船沿长江而下并不常见。因为我还没来得及在驶向安庆的拖船甲板上安顿好,一条中国水警船就把我们的船拉至一边,并要求查看我的证件。在心满意足地查看之后，两位上了年纪但面带笑容的老人①得到详细指示，保护我到安庆途中的财物和人身安全。随后——伴着某种不祥的碰撞声——船开动了，我们出发了。

那天堪称完美。头顶上，几片白云在纯净、蔚蓝的天空中飘浮。我们东边，河流与天空海天一线。南边，一片紫色的山脉和丘陵从宽阔、平坦的峡谷中升起。北边是一大片平原，那无疑是长江古老河床的一部分，岸边四处点缀着（中国）"吉普赛人"的小屋。屋子由泥巴堆成，屋顶覆盖着茅草。

每一年都有大量来自江北拥挤平原的原始流浪者——他们每次都全家一起——迁往长江邻近省份。他们通常进入城市，因为那里生存的希望最大。他们用茅草盖起泥巴小屋，就像

---

① 原文为德语的 Greise。——译者注

蘑菇一样,分布在护城河边、湿地中、岩石坡或是废墟上——事实上,只要是有泥和草的任何地方都有他们的身影,只要没有法律上或其他外物的干扰。这些人中有许多人由于身无寸土,于是便在船上生活,逐渐被当成"船民"。他们中的男性从事各种各样的工作,如拉人力车、修鞋、推独轮车,他们的妻子们则成为"缝纫工",坐在街角为无家可归的苦力打补丁。与城里人相比,他们的脸看上去显得更加苍老、单纯。然而,同样的逆来顺受的性格证明了他们都是中国人。

5

晚上,山脉似乎将北边的云朵排成长长的两列,太阳的最后一丝余晖穿过峡谷。随后,霞光逐渐从天空消逝,就像中国水墨画中柔和的层次，只剩下河面笼罩在半透明的蓝色中。随后黄昏降临，安庆灯火闪耀。就在此时，发动机出了故障！

工程师和助手立刻投入抢修工作。他们从锅炉一侧拧下一个大铁盘，用碎布片堵住下面几个非常明显的洞，轻拍铁盘，拉下控制杆。然而，发动机并没有恢复运转。他们再次取下铁盘，将石墨擦在碎布上，装上铁盘，再次拉下控制杆。逸出的蒸汽发出了更高声调的声音，两位负责保护我生命和钱财的老卫兵挪到一边，如果发生状况，他们至少能履行一半的责任，保护我的身体完好。拖船在水流中失去动力，急速漂向下游，显然，我们即将打破中国的古老格言："赶在天黑前回到家"。然而，正当我们要与城市并行时，发动机突然开始运转，就好像它突然停止工作一样。这时拖船立刻被戒备森严的士兵所包围。

这座城市目前正处于军事管制中。一周以前，许多步兵由于六个月没有拿到薪水，在安庆全城内抢劫店铺来表达自己的愤怒——之后，他们迅速被认定为违法。这些人用抢来的钱高价购买非法军火，遵循指示把我们包围起来。但即使没有护照，一张印有外国名字的白色小卡片——任何名字——都能够足以表明"身份"。在中国，一张外国卡片总有说服力，即便是在其他更合理的手段失效的情况下也是如此。

黑暗笼罩着城市。但最终我们找到了一家旅馆——很小的旅馆，地面铺着红砖，柚木家具方方正正，一个高大的圆形门廊上面刻着问候语。主人是一位身形结实的男士，他只穿了拖鞋和裤子，站起身邀请我察看可用的房间。旅馆一共只有五间房，包括后面一个像棚子一样的豪华间。与典型的蔬菜储藏地窖相比，豪华间遭受的损害可能更严重，但它看上去离尘世距离最远，于是我选了它。这个选择——并不尽如人意，因为下面厨房升起的味道很刺鼻，这让我想起了"快乐的英格兰"①中昔日的美好时光，犯人们被关在厨房上方的监牢里饿死，他们嘴里嚼着苹果，闻着烤乳猪的香味，十分沮丧。

但很快可以发现，豪华间的犯人不会在此久留并饿死，因为厨房使用煤灰和干泥制成的煤砖当燃料，会释放出有害、致命的烟气，短时间内可导致窒息。另一方面，这间房因其空气状况，没有其他动物的痕迹，就像在月亮上一样清净。于是，只要避开就餐时间和早起，我就能够维持着一种舒适的平衡。

安庆是一座典型的中国城市，五十万居民中仅有二十名外国人。白人穿过街道时，小男孩们会大声咳嗽，希望能吸引对方注意，从而

---

① 英国滑稽剧。——译者注

看清对方的瞳孔颜色（对于早期在中国活动的外国人，这样的评论让人印象深刻——大多数的中国魔鬼有蓝眼红须）。这里不像汉口，没有成排的外国建筑把江边分割成粗陋的、积木布局的街区。但外国的影响却以其他某种奇怪的方式渗透进来，比一些有外国殖民地的条约港口城市更甚；肉铺出售的大部分牛肉都摆放在防蝇罩中，小蛋糕和点心则摆放在玻璃罩中。

在安庆乘坐有铁框的人力车能够给人留下长久的记忆。在上海，人力车夫低着头飞快前行。在汉口，车夫们喜欢小步跑。在安庆，非常幸运的是他们走路，因为街道有些起伏，每隔一段距离就铺有矮石台阶。在"南京号"蒸汽船上有一位绅士，他曾经花费四个月的时间，搭乘无弹簧的牛车，从东部的满洲开始一路向西，穿越青藏高原，最后到达边境地区。听他讲述这个故事的时候，我以为他是在诉苦；但当我也乘坐了两小时的无弹簧人力车跨过安庆的台阶时,才对他佩服得五体投地。

6

就像巴黎因埃菲尔铁塔、热那亚因朗泰讷河而闻名那样,安庆则因振风塔而闻名。该塔位于安庆市东大门。关于这座城市,当地流传着一种迷信说法——或许因为安庆三座城门都经受了长江的洗刷——这座城市不是建于坚固的地基之上,而是建在一艘停泊在岸边的船上。两个巨锚嵌入佛塔附近的土地里,防止整座城市顺流而下。为了让描述更加形象,可以将佛塔比作桅杆。塔下方埋着一只巨大的柚木桨,连同巨锚一直留存至今,成功守卫着这座城市。

从佛塔出来,我遇到了一位老妇人,她怀抱着一个婴儿,用手盖住婴儿的眼睛,这样他就不会因为看到一位外国人而受到任何不好的影响！但这种迷信行为很快消失了。因为外国人可以自我辩解，并且——我很高兴地宣布——美国人在这方面似乎更容易获得理解。这些中国人对我们态度友好的部分原因或许在于美国迅速决定将"庚子赔款"中的一部分用于支持中国的教育事业，又或者美国国务院近期出台了其他政策。无论原因何在，至少我能够向大家汇报目前的这种结果。甚至在长江下游最与世隔绝的城市，只要说出"美国"二字，就能让那些一知半解的脸庞瞬间换上十分友好的表情。与瑞士因特拉肯镇客栈老板的丰富面部表情相比，他们的笑容截然不同。他们会提供大量的茶水，没有茶叶的时候，就拿着茶壶直接对着壶口饮用。无论对于主人——或客人——而言，还有什么比这更有力的友情证明？

7

紧邻安庆北墙有一家大型美国医院。男病房、女病房和儿童病房都挤满了中国病人，他们至少会带走自己对医院环境卫生的印象，也会带走对外国医疗不断增长的信心。最近，一个疯子挥舞着斧头在安庆市的大街上砍伤了十九名中国人。其中十四名伤者来到这家外国医院寻求治疗。

建立这种信心需要时间。起初，人们对白人医院产生的最大恐惧似乎来自大家普遍认为医生会"让中国人进入睡眠，随后砍掉他们的腿、胳膊和耳朵"。这样的想法让中国人感到特别痛苦，因为他们相信只有骨骼完整无缺的凡人才能在死后得到极乐。安庆的医院在开刀破骨并按护士要求等待使用前，主治医生必须在当地市政机关前发誓这些骨头都不是中国人的；

然后在接待室里挂上一张陈述该事实的精美证书，上面盖有总督的章，这样格外留意的人可以看到。但与此相比，有一位在医院烘干室工作的姓曾的年迈苦力，他对自己四肢的爱能够更加形象地描绘上述情况。

大约二十年前，医院新建不久。有一天，姓曾的来到医院，他的一条腿急需截肢。"病人同意了。"在康复期，他在庭院和花园发挥出自己的作用，随后便被医院录用了。不久之后，一个入院小男孩病情与姓曾的类似。他的腿被截肢了，并被及时送回了家。第二年，男孩的亲属来到医院，解释说小男孩死于霍乱，为了使他安息，必须拿回他的那条腿。但是那年，医院已经搬到辖区内另一处地方，并经过一次大规模重建，没有人知道丢失的那条腿被埋在什么地方。尽管如此，这些恸哭不已（有人气得咬牙切齿，我理解）的亲属却强烈要求医院拿出一条所有关节部件都完好的腿骨。

最终经过一番极大的努力，医院从某个地方挖出一套腿骨，并举行了适当的仪式，呈递给心满意足的亲属。但就在他们要离开医院时，姓曾的戏剧般地从厨房出现，声称那些骨头是他的。他说："如果你们不信这是我的，那就进行确认！"

经过一番测量，大家发现这些骨头的确与姓曾的另一条腿相吻合！主治医师对此一筹莫展，沿江而下到上海寻求一个假肢，一回来就将它呈递给刚刚丧失亲人的亲属，仪式比上一次更加隆重和周全。这下他们才十分满意地离开了。但自从那天起，所有在安庆医院进行截肢手术的人都会将截下来的那一部分白花花的骨头带回家；而姓曾的未来已经失去了任何闲逛的机会，晚上睡觉时都会将心爱的纪念品放在床底下一个制作精良的盒子中。

安庆就是这样一座典型的中国城市,除此之外没有特别丰富的热门话题;于是,我说服旅馆老板,让我画一幅他坐在圆形门道内的画,然后继续沿河而下——走了一百六十英里——来到古都南京。

第六章

1

我们沿长江行驶三英里到达南京市中心。当地司机告诉我们,即使外国人从未侵占过这座城市,它的郊区也会在外国建筑者手中失守。(我想知道,指点外国领事馆在中国建楼的到底是一位什么样的混乱之神!)不过,近来这种情况有所转变,一座壮观、古老的鼓楼赫然耸立在马路对面。不久前,这座城市曾宴请了一群美国国会议员,他们在此停留三十五个小时,每小时花费一千美元,中国政府买单。结果,鼓楼在深红色外漆下散发着戾气——这意味着在南京想要找到一家干净的饭店就像搜寻渡渡鸟[1]那样可笑。最后，我们在无比绝望中，将行李全部倾倒在一间小屋的寄存处。此前，阿周曾信誓旦旦地向我保证这里"非常干净"——而这座城市现在就在我面前。

2

南京的规模符合其六朝古都的历史地位。华美的14世纪城墙拔地而起，高五十英尺。城墙总长近三十英里，呈巨大的弧形。如果游客没什么热情，时间也很有限，那他不会选择徒步观光。这里的名胜古迹之间距离较远，但同时又相互关联。无论如何，它们不容忽视，因

---

[1] 又称毛里求斯渡渡鸟、愚鸠、孤鸽，是仅产于印度洋毛里求斯岛上一种不会飞的鸟。这种鸟在被早期西方殖民者发现后仅仅七十年的时间里，便由于人类的捕杀和人类活动的影响彻底绝灭，堪称是除恐龙之外最著名的已灭绝动物。——译者注

为南京的历史与整个中国的历史生动地交织在一起。

早前的北京还是风雨飘摇的边陲小镇，而南京作为中华大地的都城和大都会，正与欧洲最引以为荣的都城争奇斗艳，甚至如司机所说，没有外族侵略者占领过这座城池，无论是蒙古人、满族人还是欧洲人都是如此。从公元4世纪到7世纪，六个朝代在城墙内演绎着兴衰更替。1368年，明朝政府从忽必烈堕落的继承人手中夺取政权，这是南京第一次成为全国政治中心。1853年，这里成为声势浩大的太平天国运动的大本营。太平天国运动前后持续十五年，动摇了帝国统治的根基。在那些兵荒马乱的动荡岁月，死亡人数或许达到欧洲大战①的三倍之甚！在迅速赢得长江流域的战役后，太平军

---

① 指的是第一次世界大战。——译者注

首领还吸收了一些基督教的教义。他们攻下南京之后，定都于此，释放囚犯，取缔了当时广传的恶习——包括缠足。他们还制定了"十款天条"作为神法，并根据当时的情形进行了改编，其中第七条为："不好奸邪淫乱，不吸食鸦片"。

然而，太平军首领与世界上其他诸多实干家一样不擅搞政治。他们尽管坐拥江山，却无法维持政权。最终，南京被重重包围，在七个月无法言喻的惨烈战争后，城墙严重毁损，太平军也遭到屠杀。

尽管太平军覆灭，但他们却沉重打击了清朝政权。1911年揭开了一场新的革命序幕，不变的是"中国乃中国人之中国"的政治呼声。几乎毫无撕扯和声响，三百六十年的大清王朝轰然倒塌，而这通常伴随着与之类似的剧变。南京像往常一样，成为新共和国的临时首府，也再次成为屠杀场。辫子，作为清朝政权下汉人遭受奴役的标志，立刻成为一个重要事件。革命军占领南京后，大肆抓捕居民，强行剪下他们的辫子、剃成短发。随后，清朝军队复辟并重占南京，他们把没有辫子的居民逮捕起来，视他们为革命军并砍下他们的头颅。最后，人们为了保命大量购买外国大帽子，把辫子紧紧缠绕在脑后，拉下帽子盖住耳朵出行。这种状态让取得最终胜利的革命党人十分合意，他们似乎看到自己的信念已经渗透进了头发之中。革命党后来延续了这种宽大政策，直到今天，仍有大量中国人"将头发梳成了辫子"，这种状况也将持续下去。

3

为了搞清楚自己在这三十英里城墙中的方

位，我登上了位于北边城墙附近的香林寺①。这座寺庙位于一座山上，向南眺望，开放、荒凉的明故宫殿遗址尽收眼底。向西北方看去，忙碌的郊区炊烟袅袅，从江上徐徐升起。从山脚向西延伸是南京城区，寺庙、外国教堂、小学、中学、军校、技校以及两所大学的建筑群点缀其中。南京的井水味道不好，但跟比埃里亚甘泉②之水（诗歌与艺术）却截然不同！它们经过了两种文明的洗礼和过滤，可以供文人墨客无

---

① 原文为Pe-chi-ko，根据上下文推测为香林寺，位于今南京市玄武区佛心桥一带，一度与鸡鸣寺、古林寺并称南京三大寺。——译者注
② 比埃里亚（Pieria）是希腊东北部的一个地区。传说比埃里亚的泉水因为缪斯女神的缘故而成了神水，任何人只要饮此处泉水即可获得艺术和诗歌上的灵感。——译者注

限畅饮。即便是基督教青年会①也在用英语宣传十位使徒!

香林寺东边,一座稍矮的山头耸立着另一座寺庙,寺外的台阶由燧石般的长形灰砖砌成,造砖工艺如今已被遗忘。每块砖的建造都曾倾注了极大的心血,以浮雕的形式篆刻着捐赠者的姓名和城市,这些人早已作古。附近——在古时是刑场——曾经游荡着罪犯的亡灵,幽灵鬼怪在晚间常出没此地,从超自然的角度而言,这里总体上是一个不祥之地。为减弱阴魂造成的影响,明太祖在其附近造了一座房子,摆上祭品以供奉"孤魂野鬼"。这些礼节,连同附近的两座寺庙,可平息鬼魂的怒气或将其驱走。

---

① Young Men's Christian Association(Y.M.C.A.)。该组织是1844年在英国伦敦建立的以通过团体活动和公民训练发扬基督徒高尚品德为宗旨的跨教派的非政治性组织。——译者注

我问了看门人,发现他在过去的十年间只看见过七个鬼魂,与其他地方的近期数据相比,这实在是微不足道的。

南京的另一边——逐步消逝的古时考舍——更能体现出这座城市的发展水平。秦淮河沿岸立着一排排狭窄的小屋。小屋由灰砖砌成,每间六英尺长、四英尺宽,屋子里摆放着一张简陋的桌子和一张可以睡觉的长凳,除此之外别无他物。每年特定时候,各地乡试录取者怀揣着远大抱负,无论年龄、级别,都会聚集于此争夺"举人的美誉",中举者会赴京参加最高级别的考试。最终的智力较量是在皇帝跟前考,应试者回答君王本人的提问。中试者可能对日常事务一无所知,可能此前从未踏出过他所居住的乡镇。尽管如此,如果他能够针对《论语》中的几句话写出比其他考生更为精彩卓绝的评论,那么他就可能成为统领百万之众的地方长官。

然而,中国——正如143度经线①以东的人所言——正在觉醒。教育体制变革一新,长久以来被蜂巢状的灰墙隔绝于世的土地也卖给了出价最高者。

我爬上砖堆,走近所剩无几的考舍,它们静默不语、孤独寂寥,四周是新建的茶馆,宽敞明亮。我曾读过有关中国考舍的大量文字,在我脑海中,那些有抱负的人向来都是在密闭的陋室里点上一支蜡烛,精神迸发地工作着。当我发现这些小屋仅有三面墙壁时,我又惊又喜。第四面是敞开的!当然,也有可能每一间小屋都曾经装有一扇紧紧贴合的木门,只是在破坏过程中被卸下了。但小屋的状况和此前一样好!我爬下砖堆和废墟沿路返回,决定自此

---

① 根据上下文推断为东经143度。该经线穿过库页岛、澳大利亚,其以东包括太平洋地区和美国。——译者注

以后不再探听与考舍有关的事情。这些乡试录取者居住在如此狭窄的小屋和简陋的睡板,想必已经足够糟糕了。至少在我心目中,他们不应当遭受如此这般光线昏暗、空气不流通的困扰。

4

不远处的秦淮河上还有一种壮观的船——画舫。秦淮河位于城市南部,在河边用餐,观看河上几十艘装扮喜庆的船只浩浩荡荡地经过——黑暗中每一间闪烁的客舱就像一个小小的、闪耀的舞台,正在演绎着中国版的《唐璜》或《卡门》,或者搭载着泰妈妈泰爸爸还有其他家庭成员(包括青鸟)①快乐、高兴地出游——

---

① "比利时的莎士比亚"莫里斯·梅特林克的代表作《青鸟》中的人物。——译者注

这是中国人生活中富有趣味、变化无穷的盛会，在长江沿岸任何一座其他城市中都是无与伦比的。

距离花船不远处是西面的城墙，墙上的城门令人惊叹，有四个圆形门拱。这里曾多次见证历史上的激烈冲突。作为抵御现代进攻的堡垒，这座城门与现今已废弃的兵部齐名。距今最多六十年前，清朝的兵部仍然在向中国步兵发出指令，让他们扮鬼脸，以吓唬敌军！有一个故事可以证明这个机构的威名：一批忠诚的部队据说仅靠做鬼脸和一齐厉声说出"兵部"的恐怖名字就驱散了大群叛军——然而我不保证"兵部"拼写正确！①

城墙附近有一座巨大的孔庙——夫子庙②。

---

① 作者将兵部拼写为 Ping-poo。——译者注
② 原文为 Tsau-lien-kung，根据上下文推断为夫子庙。——译者注

庙门紧锁，必须爬上一条小道寻找看门人。行至小道半途，只见一大群人聚集在一处开阔的门廊处。里面传来一个人叽里呱啦的说话声，语速很奇怪，又有一些可怕，听起来感觉说话人已经无法控制自己的舌头。我们慢慢靠近这群人，距离三十码时，我明白了这里正在发生着什么。有人在这里举行历史悠久的风俗，即"挽回颜面"。

这种风俗通常仅限于女性。如果一名下层妇女觉得自己满腹冤屈，她会一直等到自己"山穷水尽"，然后来到某个公开或半公开的地方，花一两个小时或两三个小时的时间，讲述自己的冤情。

阿周在这一阵纷乱如麻的话语中收回了游荡的思绪。看上去，那位妇女并未得到理解和欣赏。她的丈夫已去世多年，但她没有选择改嫁，而是守寡至今，遵循传统，恪守妇道。她不是在要求别人为自己立牌坊,只是想让大家了解是非。她说,自己曾经有一位求婚者。这无疑属实——求婚者自身条件很好而且极具诚意——他来自宁波,皮肤黝黑,相貌堂堂,品行端正,而且拥有财力。但她没有嫁给他;他因此而去世了!(说到这里,她顿了顿,听众如果有心,可以厘清事情的来龙去脉,或许也会有些许伤感。)如今,当一切烟消云散,却无人对此表示欣赏。她成日绣花,还为其姊妹一家人烧火做饭,而受惠者却无一句溢美之词。她也不想要任何赞赏,她想要的只是他们不要忘却……

就在此时,看门人手持钥匙,过来打开了寺庙的一扇侧门。内堂肃穆而宽敞,与门廊处吵闹的景象形成鲜明对比。在这里,两排纤细的柏树高耸参天,几个古老的柚木狮子环绕着一座铜钟,狮子头部卷曲的鬃毛根根分明,就像古希腊的雕塑作品。屋顶整齐地贴着砖,炫发出生动的色彩,就像腓尼基人的玻璃花瓶。外堂——反差更是强烈——已被改造为一个典型的军营。正中心,部队正在操练,其中包括缓慢"踢正步"的动作(可能从德国经日本传入)。他们活力十足,动作精准。四面的小房间被改造成教室,里面坐着许多士兵,他们的眉头皱起,不听使唤的手指直直地握着毛笔,正在练习书法。汉语里一共有四万多个汉字,他们正在练习书写其中的几个。我稍微走近了一些,看到五名勇猛的战士——坐成一排——用牙齿咬着毛笔,他们用这一同样颤颤巍巍的方式给那些不听使唤的手指以精神支持!这让我觉得日后面对中国军人时能感觉稍稍自在一点。正是日常生活中的天使们用这些友善和幽默的方式将我们联系在了一起!

5

在中国,帝王的宫殿或正在修缮或布满尘埃。因为每一个继任王朝似乎永远是通过抹除前朝辉煌的遗迹来满足自身的改革雄心。

我穿过南京最热闹的大街,来到一片郊野荒原,而不是城市中心。此处正是明太祖时期的都城。这里呈现出一派颓败的景象。在宽阔的围场中,几乎没有哪两块砖是完好地堆砌在一起的。它就像罗马圆形剧场和雅典卫城一样,在无数的岁月里,为周围的农地提供建筑材料。

一间间苦力的小屋散落四处,齐腰高的玉米地在某种程度上模糊了悲凉的界限。这片衰败之地的中央耸立着三个巨大的扶垛,它们清楚地标示着南京"紫禁城"——"天之骄子"的宏伟宫殿——的边界。而那些宏伟如今何在?干涸的河道上是五座狭窄的人行桥,一座小博物馆仅有数量寥寥的一些装饰品和瓦片，还有一座用来纪念某位学者的破败不堪的纪念碑——这就是全部！腐蚀、尸僵、终结。然而——像往常一样——这里蕴含着一个崭新的、充满希望的开始——孩子们在废墟中嬉笑打闹，附近的农夫在放声歌唱，风吹过生长的玉米发出沙沙声……

6

城墙东门位于明故宫另一侧三英里处。走出东门，一棵大树掩映着明孝陵——太祖的墓冢。通往墓葬山的途中有英雄人物和战马的石雕，在通往东边的另一条小路上则有巨大的动物雕像，石刻大象、笨重的狮子、数量庞大的马群，还有一种身形粗壮但不知其名的动物。这些动物队列通向一个柱廊。柱廊内，一只巨大的石龟任劳任怨地驮着一座方尖碑，碑上刻有皇帝的铭文。

太祖想必曾经拥有至高无上的权力。明故宫博物馆内有一座半身雕塑像，其中的一块碎片显出一张只到下颌骨的脸部轮廓。这张脸瘦瘦长长，卓尔不凡。在它旁边，即便是哈布斯堡家族下巴最突出的子孙看起来也会显得没有下巴。明朝人乐于发现他们与猪之间——面部和其他方面——的相似性；但它应该马上声明猪在中国的社会地位并未受到挑战，即便到今天，汉字"家"的构成也是在代表"屋顶"的宝盖头下面放上表示"猪"的文字（豕）。

太祖驾崩后不久，明朝就迁都北京，那里潜藏着对帝国最大的威胁。自那时起，南京的光环逐渐减弱。今天，这座城市的人口已经减少至十五万——只是曾经的一个零头。这里曾经一度享誉世界的丝绸和锦缎贸易也丧失了往日的地位。进口大大超过出口——对于一座出口型城市而言,这无疑是一个悲剧——城里的店铺里到处是机织的锦缎和其他外来物,售价低于手工织机制成的丝绸。那些织工——世界上最勤勉最娴熟的纺织工人——黎明就开工,常常工作至深夜。然而,手工丝织品的需求正在缩减,距茧蛹之乡最远的城市也最先受到影响。辉煌的"南京云锦"曾经在人们的保护中代代流传,而今将很快成为回忆。

就这件事而言有一个小故事。一位美国绅士离家数日返回后,他小心谨慎地给他的窈窕淑女一个深情的拥抱(按照指示),而迎接他的却是——"噢,不要拉我的腰!"

"好吧,黛利拉。"他回答道,挺起胸,使劲撕扯自己的头发。

"不,不是这样,"她说,"现在的丝绸少得可怜!以后我恐怕得穿粗布衣了。"

然而，这位淑女，要一条能穿二十年的裙子究竟有何用，像你的祖母那样吗？试想一下！推心置腹地讲，作为亚当的子孙，我们这些人善于推卸责任，要你穿一条能穿二十年的裙子有何用？"这世道是怎么了"，构建、改变、摧毁、重建……有时候，我们似乎很像古代中国人，我们卖掉可靠的旧灯又去买新灯，这些新灯或许更加明亮，但却可能随时熄灭，让我们陷入黑暗之中。好吧……无论我们会遭遇怎样的困难，希望我们像南京的织工一样，做好勇于面对的准备——用出色的工作业绩和不可战胜的人生观作为我们的盔甲。

第三篇 佛陀之岛

第七章

1

急雨的吟咏不绝于耳,

寺庙的钟乐急走远风,

海浪泼溅,野鸟啼叫,

从荒蛮海岬到荒芜海洋……

在九江的一间小客栈,主人给我们讲了一个故事,是关于中国海岸另一边的一个奇怪海岛——这座海岛有高耸的峭壁、幽深的峡谷,七十座佛寺散布其中。七十座?数量如此之众。

阿周忠厚善良，对于此前我的每一段行程他都怀有极大的认可。在中国中部不间断夏日阳光的炙烤下，他也任劳任怨，努力用磕磕巴巴的英语向我解释说明所有的事情。然而，当我说我想去普陀山时，他对我的计划表现出了明显的犹疑。

"有人说，普陀非常热，"他说，"那里有座大山。如果你上山的话，当天是下不来的。有人说，那里有很多巨蟒，桌上、床上到处都是。如果人伤了蛇，僧人会把人打倒。有人说，外国人去那里，喝威士忌，大声喊叫。有人说，僧人从来不喜欢见到外国人——"

这些只是阿周道听途说，却对此次成行起到了推波助澜的作用。从南京顺流而下到达宁波港须乘坐蒸汽船。这一次，我已经知道不能抱有很高的期待。小客舱，两边是"站票乘客区"的狭窄甲板，八至十人组成的售票队（他们时刻盯着对方,每个人都在寻找一点额外的赏钱),小贩,热气腾腾的白米饭——这一切有趣的事物构成了当地蒸汽船旅行的电影画面。

宁波是一个古老的港口城市,码头停了许多"有眼睛的船"。几个月前,这些船带着来自上海的友好欢迎,在地平线上扬帆起航。在这里,它们"回归故里"——小帆船上有槌球一样的眼睛,中型帆船有保龄球大小的光学器件,远洋帆船鼓起来的眼睛则有三英尺宽——这些船像是粗犷的小伙子、海上的流浪儿,但它们都十分快乐,不乏幽默感。天气阴沉时,这些眼睛有一半的时间都潜在海面下,但是当它们露出水面短暂一瞥时,似乎会眨一眨眼睛,带着一种被压抑的幽默,只是想说:"你我之间,对视只是开玩笑。如果你不眨眼睛,我当然更不会了。"然后,它们会深吸一口气,再次潜入水下。

宁波的许多街道很窄,只要张开手臂就能测量其宽度。不过其主干道则相对宽阔——然而载重十吨的卡车若要从此过,也会严重刮掉车身的漆。这座城市河道狭窄,河水泛绿,看上去很浑,比杭州的河道看上去更不便于住家船通行。桥梁的高度仅可容纳本地小舢板——同样也有"眼睛"——小心翼翼地通过。宁波的河道足以让人感到诧异……

2

一艘小型蒸汽船在黎明时分驶离宁波,前往普陀山。时刻警惕的小贩们像往常一样吆喝着他们的商品——这一次,各类商品琳琅满目:黄西瓜、锣、念珠、祭祀用的香、花露水、捕鼠机。宁波港口的几座堡垒由德国建筑师建造,经过这里时,船上一半的人都期盼能够目睹涌潮拍打沙滩，发出雷鸣般的响声。然而我们的船却开进了迷宫般的群岛之中，这些小岛上覆盖着小山，绿色延绵，看似平静海水里不知暗藏着多少凶险。

八十多年前，英国曾短暂占领过其中一些岛（舟山群岛），但一两年之后就弃岛转而占领香港——这一次，他们停驻了许久，还引进了一种植物。威廉·毕比[①]在《大西洋月刊》将其归为马铃薯，但这根本没有体现出任何做出新发现的那种野心，我必须更进一步，称其为爱尔兰马铃薯。香港是多山地形，许多小山呈阶梯状分布，与意大利的湖区十分相似。一些小山上还循着山脊不规则的形状种着马铃薯，远远望去，翠绿的山坡就像天然的阿拉伯图案一样。

[①] 威廉·毕比（William Beebe，1877—1962），美国博物学家、探险家、作家。曾去过世界上许多偏远的地区，并且对海底世界特别感兴趣。——译者注

船上大多数乘客或为身着灰衣的佛教僧人，或为嘴角挂着微笑、身着节日盛装的俗家朝圣者。他们此行目的是前往神圣的岛屿参拜寺院。眼前的他们让人很容易回想起另一个欢乐、古老的群体：很久以前，他们沐浴着春光，欢快地骑着马穿过萨瑟克的草地，前往坎特伯雷。而此时，这些人无疑是欢乐的碾磨工、化缘的道士、牧师、东道主、僧侣、法律界人士。

"络绎旅人二十九，

天涯异路幸做伴……"①

"每个人的性情、相貌、服装、口吻、动作都不一样，各有特色"，有人说"所有的中国人外表看起来都一样"，但这里的情景可以迅速对这一论断做出反驳。就在这时，我发现那群东方面孔中出现了一个与众不同的人。就在不远

---

① 原文为英国作家乔叟《坎特伯雷故事集》中开场白的一部分，本段为自译。——译者注

处的栏杆，我看到一顶巨大的白色硬壳太阳帽下面，有一撮美丽的红胡须，此人身穿修身的黑色长袍，一双友好的蓝眼睛注视着我，而它们的主人正优雅地等着我开口讲话。

"你好，先生，"我（用法语）说道，"我很高兴——"

"不用担心，"他痛快地伸出手，眼里闪着光，打断道，"不必如此。我是爱尔兰人！"

我们愉快交谈了三个小时，抵达岛上的一个小渔镇，这里是他的教区。我们聊了很多事情——但只有一件我最想知道的事情还没有问：这位年龄必定不到二十五岁的爱尔兰牧师为何会沉浸于在这里传教呢？他在这个小渔镇下了船，我们继续向普陀山行驶。我看到在村庄尖屋顶上方的山坡上，一个身着黑色长袍的身影正站在一间小房子门口，向我友好地送别。

3

与此同时,向来务实的阿周已经打听到一些在这个神圣岛屿上生活所需要注意的一些习俗。在另外一群人中,他遇到了一位担任知客的佛教僧人,对方称他自己的寺庙位于岛内半英里处,或许可以提供住宿。蒸汽船并没有直接停泊在码头,而是在距离岛屿数百码处就抛下船锚;于是,一堆小船疯狂地停靠在它两侧,一些小船里只有船员,另一些小船搭载着准备乘蒸汽船返程的乘客——船夫们有的在吹捧自己小船的速度和优点,有的则在不断呻吟和乞讨,只为多得一些赏钱,那种样子颇具西西里岛的风格。

我们上了岸。我随知客前去,阿周留在码头。我们沿着小路穿过一个宽阔的山口,来到了岛上的中心地带。另一边,从山脚下一直到高数百尺的顶峰都遍布着岩石，长满了野草。在陡峭的悬崖和小峡谷的半遮半掩之间，露出了寺庙的白墙。我们下方的山谷栽满了参天大树，寺庙屋顶铺设着瓦片，闪耀出帝国般的黄色——这是满族皇家神圣的颜色。绕开寺庙，我们穿过一座位于山坡上的村庄，从峡谷的另一侧向上攀登。那座村庄出售石画、串珠、护身符和其他朝拜用品。过了村庄，小路逐渐变窄，变成了一条蜿蜒、筑有高墙的小径。沿着几段崎岖不平的石阶我们来到了一片古树和大岩石旁。这里看起来一片衰败。岩石上刻有碑文，表面布满了苔藓。我们终于到达了目的地——岩穴寺。

寺院面积很小，神龛和镀金的神像位于树枝掩映的二楼。这里非常安静——在长江边上度过那些紧张的时日后，这里令人内心平静、心情愉快。我的房间在楼上。进入房间，海上清风从屋檐下敞开的窗户吹入室内,房间下方三百英尺便是海面,岩石遍布的海角之间便是深蓝色的大海。一条宽阔闪亮的浪花——带着五千英里裹挟的气势席卷而来——拍打着长长的银色海滩。我检查了我的笔记本上写着"所需品"的汉字,把它交给知客。

4

岩穴寺有一位住持,还有一位他的兄弟(一位正在见习的四十五岁商人)、四名年长的僧人、一名知客和几名抬轿子做饭的小工。不言而喻,这是我住的第一间寺庙,而且我还是建庙三百年来第一位到访的白人游客。在走廊里遇见僧人,他们总会极其谦恭地朝我鞠躬,用古老的念词对我表示欢迎,"阿弥陀佛"(愿安宁与你同在），对此我会做出简短善意的回应"是啊"[①]（日安），希望他们不会因为我的发音不愉快。有一位老僧人，他三年前曾是中国军队的一位军官，早年的训练已经深入骨髓，于是他欢迎我的方式总是融合着异教徒的祷告和敬军礼，非常幽默。尽管他十分虔诚，但我常常会设想这位前辈从军营退休的速度之快会给他的生活带来较大冲击。他曾经在一两个场合用了化名，这已不是什么秘密。

寺院依然是许多人的"避难城"，这些人触犯了法律，来到这些圣殿寻求庇护，在头上烧出十二个戒疤，然后成为僧人。其他的申请者——比如师父的兄弟在杭州拥有妻儿——只是为了断念尘世寻求超脱，而还有人则受到强烈宗教信仰的驱使，接受圣职，成为中国佛教

[①] 原文为 sow ah，这里是音译。——译者注

的精神支柱,这类人通常是年轻小伙和男孩。

岩穴寺还有两位客人。一位是来自宁波的钟表匠,他每年登岛一次,修缮寺里的时计。海边的空气似乎能在短时间内给时计的齿轮和平衡器造成严重的破坏,钟表匠通常白天修完,然后带着五六美元的酬劳在夜里返程。然而,他花在我这块手表上的时间长达两个小时,将它全部拆卸,进行内部清洁,再重新组装——只收取了二十美分!不过,在中国,钟表匠的生意似乎存在着其他的未解之谜。我曾在长江上游六百英里的地方发现那里出售的美国英格索尔手表[①]价格要比美国本土更便宜!

另一位客人是一位可怜的小老头,他在试着卖人参。在我看来,那简直就是一支毫无用处的草根,但中国人却因它所谓的药效而对其

[①] 成立于1892年,是英美两国腕表行业的始祖。——译者注

推崇备至。他在寺庙待了三天，只卖出一只小的、长满须的根，而且还是卖给了阿周。这可能是因为他的货物真假难辨，也可能是因为香客过于忙碌而没有购买。我想，阿周购买可能纯粹是出于对他的同情。

这里每二十四小时都会举行两次纪念观音的神圣仪式，地点就在这七十多座寺庙中的一座。观音是中国的女菩萨，也是这座岛屿的守护神。我到达的当天晚上，寺里的钟正好位于我的房间下方，在凌晨三点的黑暗中低沉地响起来。随后是一个小时的有韵律的低声吟唱，伴随着轻轻的"木鱼"声，而且不时会被清脆的钟声打断。每天凌晨三点，仪式会准时举行；尽管如此，我并不认为这会打扰别人，相反，它带给人们的是一种愉悦的、半清醒状态下的确信：黎明来临前还有好几个小时的睡眠。

黎明时分用早餐，有竹笋、野白菜、糙米

和另一种食物。这种食物第一眼看上去最可能是沾有薄薄一层红褐色肉汁的烤棉花糖。

"那是什么?"我问。

"那个?"阿周说,"那是豆腐!"

我讨厌那个词,因为曾经在东方大酒店吃到一道难吃的菜肴就是豆腐,记忆至今仍然挥之不去,任何能联想到豆腐的词汇都让我莫名地全身发冷。但最终,我决定尝一尝,我发现它完全可以食用。显然,有"此豆腐"和"彼豆腐"之分。幸运的是,在岛上的接下来几周里,豆腐被做成了各式菜肴——有时是切块,有时是切碎,有时是像布一样薄薄的方形,然后打成结①。这些豆腐类菜肴,连同大豆、海带汤、土豆、腌菜和茶,就是一份完整的餐单。这是套餐的菜单。早餐、午餐和晚餐都是如

---

① 此处应是豆制品腐竹,而非豆腐。应是作者理解错误。——编者注

此——这里禁食肉类,岛上也找不到任何鸡蛋。面包、黄油、牛奶、咖啡更不可能提供。"死人的灵魂冲涌而来!"①这下可以明白为什么阿周对来普陀山这件事没有更多的热情了,任何人完全不需要深刻的脑力劳动或是夏洛克·福尔摩斯的天赋就能理解了。

5

普陀山有很多寺庙——七十座,就像九江的一家小酒馆老板描述的那样。这座岛屿总是挤满了朝圣者,寺庙的钟声和昼夜不息的海浪声相互交融,完美和谐。普济寺②是一座皇家

---

① 《奥德赛》第十一卷四十八行,译文摘自陈中梅译本。——译者注
② 原文为 Weng-sin-sz,这里是根据上下文推断的。——译者注

寺庙，有着金色的屋顶，我第一天到达普陀山时就瞥了它一眼。这是一座完美的佛寺，将永存于我的记忆之中——高雅、完整，颇具美感。从寺前宽阔的水塘到寺内三个宽敞大殿背后山坡上的高僧密室，每一个元素都完美无缺。我曾在古老的庭院门口踱步了数小时，画了这里一座桥、那里一扇门，还感受了现代佛教积淀下来的壮丽辉煌。有时候，我沉浸在无所事事的快乐中——这真是一种令人愉悦的罪恶感啊！

白天，台阶上挤满了朝圣者，为他们抬轿子的小工们则占据了外庭，但到了日落时分，那里又空荡无人。随后，我会把我的绘画作品和油画布送出，然后向下走一小段路，拐个弯，慢悠悠地回到大门口。峡谷里没有海浪声的打扰，适合冥想沉思。寺前的水塘[①]就像一面巨大

[①] 指海印池。——编者注

的镜子。水塘上有两座桥。一座是狮桥[①]——栏杆处有五十座石狮子[②]——白色曲线优雅地映在湖面上。另一座桥跨过水塘，仅比浮在水面的荷叶高出几英尺，桥中间是橘色的八角亭，朝圣者入寺前可在此歇息。穿过大门，就会进入另一个世界。金黄的瓦片在太阳的余晖中闪闪发光，太阳透过苍翠大树的树叶投下斑驳的光影。靛蓝的影子极具威严——就像是每一天的分针——缓缓经过庭院，里面那古老的铜火盆在光斑的墙上散发出幽蓝盘曲升起的焚香烟。

这里的确很美。然而面对于此，为什么我总觉得这喜悦之情中又带着伤感？又为什么我这心跳加速、急于表达的意愿却又伴随着双唇紧闭？如果我们当时能出声就好了！

穿过庭院，进入寺内是柔和、彩色的内

[①] 指永寿桥。——编者注
[②] 实为四十座石狮子。——编者注

庭——走廊有些昏暗，几排静止不动的神像和罗汉屹立于永恒的曙光之中。无数身着灰袍的僧人肃穆行进，在就餐大厅里，五百名行商默默地从沉静的主人手中取用斋饭。我的脑海中依然充斥着那群身着节日盛装的朝圣者的记忆——这些人来来去去，就像转瞬即逝的幻影——他们忍受着阴燃的焚香，在木制神像前像蝴蝶一样翩翩起舞。"亚洲之光"乔达摩回到这里，想必一定会感受到这里的魅力！然而，如果释迦牟尼看到自己当初创立的那一套信仰在二十四个世纪之后的今天被这样扭曲，他必定会感到哀伤。佛教"四圣谛"、儒家宽泛的伦理、老子泛神论衍生出的道家——所有这些都沦为一种机械化的形式主义，它们的创立者如今只会对此感到悲哀。

先师们的伟大理念在由少数人到多数人的传播过程中，似乎总会变得越来越局限、越来越受到约束。看到人类社会的发展具有这一特点，既是真实的也是悲哀的。基督教最坚实的根基是服务和博爱，它所遭受的不幸要比其他宗教少，但我们只会对此感到谦卑（我们中有谁会说他能够完全理解先师的简单教义学说呢？）。宗教就像文明，毕竟它是少数伟大基本观念的结晶。我想，我们将这些基本观念分化、再分化，就像中国农民的田地被不断分割，最终大部分被开辟成无用的路径，用来种植的土地越来越少，这并不是先师们的错。

不过，如果历史的车轮继续向前，我们能做的只是继续尝试打破自身毫无用处的边界——仰望……为什么，当时，或许……

第八章

1

在岛上最高的峭壁上有一个自然岩洞,从下面完全看不见。那里耸立着另一座黄色屋顶的寺院,在辛亥革命之前曾是皇帝的私有财产。那里远观固然不错,但如果想要靠近它,则需要山羊的体魄和决心。要到达山顶必须通过一条岩石凿成的、有四百五十级台阶的崎岖阶梯——这一艰难的行程会让少数虔诚者(尤其是用双腿)的灵魂确信他们与极乐世界非常接近。

大部分俗家朝拜者刚刚从银行、商店或是办公室来到这里,他们并不想亲自爬上这些台阶，只是会虔诚地买上一双布底凉鞋——这是中国佛教朝圣活动的正确鞋子——然后坐在轿子上，由两名轿夫吃力地抬着上山下山。事实上，这些轿夫每天只吃蔬菜，却能在八月最炎热的天气抬起载着二百磅朝拜者的竹椅上上下下，这简直就是素食——还有轿夫——胜利的呐喊。但对于那些既不习惯素食也不习惯爬这些楼梯的人而言，这并非乐事。在我爬到顶峰前，岩穴寺每天的豆腐、竹笋、海带汤等食谱发出强烈的抗议，要求我每天摄入更多的热量和维生素。通往山顶的途中有一座小亭子，一位严肃有礼的修道士负责看护，登山者可以在那里停下来免费饮茶。白墙上有一处涂鸦是罗马字符。我读了读，原本以为它可能是有关海洋或天空或自然的一些古雅、迷人的诗词——这在中国寺庙和佛塔墙壁上最为常见。然而，它却以简洁、出彩的方式描述了这座山的高度。

"吴某①，"上面写道，"和森某②曾在这里两次停下饮水。"毫无疑问，一次是上山，一次是下山。

最终，我们来到了云雾缭绕的岩石之巅。小路延伸通往一座有围墙的庭院，御黄色的光芒再次出现。随后——在那座距中国海岸五十英里、海拔一千英尺的小岛上——我发现这是我在中国见过的最繁忙、最繁荣的寺庙③。外庭挤满了在此等候的轿夫，他们吃西瓜、嗑南瓜子，相互喊话，嬉戏玩耍。库迈的盲诗人④可能从未听说过中国，但这里却正是他那"回声响亮的门廊"⑤所描述的情景！内庭挤满了男男女女的朝拜者，他们拿着纸钱或是成捆的焚香

---

① 原文为 C. Wu。——译者注
② 原文为 T. Y. San。——译者注
③ 指慧济寺，俗称佛顶山寺。——编者注
④ 指的是荷马。——译者注
⑤ 《奥德赛》中的一句。——译者注

急急忙忙四处穿行，说笑着，只有在一尊尊漆面神像前鞠躬时才换上严肃的表情，总体而言，他们非常享乐。那些着裤装的小女孩是朝拜者的女儿，她们像敏捷的萤火虫一样跑来跑去，身后留下一串檀香木拖烟的印迹。为了避开这样一群正快速靠近边上一座神像的小丫头们，我退后了几步，却很不走运地轻轻撞上了一位身形发胖的女朝圣者，她当时正在一个跪凳上深深地鞠躬（即叩头），结果她慢慢滑到地面上，然后"四脚着地"地看着我。我立刻去帮她，但她对我置之不理，起身再次转向檀香木神像，连珠炮似的和我讲话，那种语速和气势想必姗蒂柏[①]也会引为知音的。我不知道这些话是什么意思，但显然不是"祝福和永远的赞美"。我沉思片刻，然后叫来阿周。

[①] 苏格拉底之妻，是有名的悍妇。——译者注

"这位女士在说什么?"我问道。

"她说,"他回答,"如果外国人都待在家里,或许这里就没有人会从跪凳上掉下来了。"

"告诉那位女士,"我说,"我的确十分抱歉。"

于是,他笑了笑,又开始讲汉语。但这并没有起到任何安慰作用,那位妇女却怒发冲冠,转身呼唤湿婆、弥勒佛和所有其他可以呼唤的神灵打击外国人,或是说一些有类似作用的言词。显然,这位老妇人还活在1900年代。

这个插曲给我的造访蒙上了一层灰色,我将惯常用的热毛巾敷在手上(不是脸上),喝了一杯茶,动身下山,大脑里沉思着孔子的话:唯女子(与小人)难(养)也。突然,我脑中闪过一丝不算厚道的怀疑,转过身面向在我身后的阿周。

"说实话,"我说,"你对那位女士说了什

么?"他的皱纹挤作一团,露出和蔼的笑容。

"噢,"他说,"那位女士说您讲了太多话了。我说,她是大蠢蛋!"

看着他那张快乐又忠心的脸,我相当绝望。尽管我对此无能为力——但至少我明白是怎么回事了!

2

岛上的主路两旁整齐地站着成排的僧人,他们在化缘,并希望能以此去陆地上更远一些的神殿;而小路上,许多年轻人正在兴致勃勃地掷骰子以打发时间,他们与乔叟笔下的一些绅士还是有相似之处;还有一些人更像雅典朝拜者,带着小跪凳沿着寺庙之间的道路前行,他们每隔一段时间就会跪在小脚凳上,对着木制座位重重地磕响头。不断重复这样的动作后,他们的前额会磕破并渗出细细的血流。不过，大多数僧人更喜欢的还是坐在路旁，等待着源源不断的从这里路过的朝拜者将施舍品放在他们的扇子或衣兜上。

无论是乞丐还是托钵僧，他们都不指望能够得到比一两枚铜钱更多的施舍（每一美分约合十二枚铜钱，根据汇率不同而不同）。因此，有的朝圣者早上出发时可能就会带上价值两美元的铜钱——重量可达十磅——夜里回来时十分疲倦但十分满足，因为他们给了两千四百个僧人每人一枚铜钱！遗憾的是，发光的未必都是金子。有一些好大喜功的朝圣者——天啊！还有女性——会将一美分分成十二份。我非常确信，在那些颇具慧眼的神明看来，或许这种行为只会让他们未来获得幸福的机会更加渺茫——除非他们自身的神性已经更重数量而不是质量。

海面上方悬崖边是一座单人寺庙，我常常

享受去那里和愉快的僧人品小杯（茶）。他生性活泼开朗，与弥勒佛十分相像。他独居在此，自己打理寺院的一切事务。这里十分干净。无论是白天还是夜晚造访，都会发现这里井然有序。神殿、小神像、花园——一切都是洁净的典范。从地板上每块砖到高处的红木漆面，他把每一点每一滴都擦得锃亮，让人觉得在上面行走是一种亵渎。我俯下身来用手擦拭地板，然后举起手示意他地上没有任何灰尘，同时不由自主地对这个小个子男人心生敬意。他神采奕奕，脚步轻快地去取茶，这里的茶他向来拒绝收取任何费用。随后，他十分自豪地带我参观了厨房、内庭和储藏室。其洁净程度可与须德海①附近最干净完美的房子相媲美，我也把自己的想法告诉了他。

---

① 原北海的海湾，在荷兰西北。13世纪时海水冲进内地，同原有湖沼汇合而成。——译者注

"或许只有外国人才会买账。"他一边说着一边大笑起来,圆胖的肚子在灰袍下一颤一颤地抖动。

"告诉他,"我说,"我住在离这里三万五千里远的地方。但无论如何,我会把他的寺院带在身边。"

于是,我花了几个傍晚给这座寺庙和寺庙后面的松树和海洋,以及映照着湿润海滩的初升月亮画素描。

3

阿周一直完全不受迷信的影响,但一天早上,他对我说:"你昨晚听到了魔鬼的声音吗?"

"没有——你呢?"

"是的,先生,昨晚,我听到了男鬼的声音。他有好几次从我的窗外经过,发出'噢——

噢——噢'的声音，非常响亮。"

"你怎么知道那不是女鬼呢？"

"噢，声音不同。男鬼的声音是'噢——噢——噢'，女鬼的声音是'嘶——嘶——嘶'！中国的鬼都很小。一英尺三英寸高，没有腿，不会走路，像纸片一样飞过。如果有人说'我听见了鬼声'，那他必定会害病。如果有人说'我看见了鬼'，那他必定会离开人世。昨晚，我听到了鬼声！"

既然他自称受到了这种惩罚，那么午夜时分他头痛欲裂也就丝毫不会让人觉得奇怪了。我从悬崖边散步回来时，发现他躺在床上，一个陌生的、戴眼镜的人正俯在他身旁，六个小灯泡①像圣诞节蜡烛一样从他脸上伸出来！他睁着眼睛，看上去像是醒着的！乍一看，我以为

---

① 此处指"火罐"。——译者注

他预言错误：他可能不仅仅是听到鬼声，而且还见到了鬼魂。然而，当我凑近一看，发现他正在"灯泡"下平静地看着我。

"这些是什么？"我问道。

"头已经不痛了。上针灸。"他平静地说。听到这些，我镇静下来，检查了他脸上的装饰物。

他两边的太阳穴扎了两根针，前额扎了两根针，两边的眉毛处扎进了三根针。每根针头都系着一根细小可燃的线头，线头已被点燃，正在激烈地燃烧，这让治疗过程看起来很像卡利古拉[①]的某一夜，或是苏族印第安人在戏耍俘虏。针被烧得炽热之后，它们开始咝咝作响，那位陌生人娴熟地用一对镊子将它们一一取下。他为自己的劳动（以及阿周在治疗过程中遭受的痛苦）收取了三十五美分的费用，然后去往

[①] 罗马帝国第三位皇帝。—译者注

下一个地方继续施用他的抗刺激剂。

"你感觉怎么样?"我问病人。

"我想,用不了多久,我就会好起来。"他答道,声音中带着希望。那天晚上,我给了他一些苏打水和十粒奎宁,到了第二天早上,那些针竟然让他痊愈了!

4

岩穴寺的住持换上了夏装。那可比住家船的"拿破仑"高出了好几个级别,它包括一条短裤、一双拖鞋和一把扇子。去年春天时他年满六十二岁,于是退休了,将打理寺院的日常事务交给了老战士和其他人。天气晴朗时,他坐在庭院里一张舒适的柳条椅上,度过下午和半个晚上,吸着水烟,凝望天空。夜色迷人,我发现自己已不习惯早睡,于是他另做了一把柳条椅，邀请我共享月光和他的水烟。平静的时候我们常常如此。在东方的夜晚，我们坐在寺庙的庭院——一位上身赤裸的僧人在庭院一边，一位美国人站在另一边，还有一位中国"男孩"蹲坐在门道的阴影中，准备在必要时提供翻译。从右侧山谷中一座宏伟的寺院传来一阵木鱼中空、遥远的鼓声，还有僧人们吟唱佛经的声音。他们的声音时而高亢，时而低幽。我想起了曾经见过这样一个场景，一阵惊喜涌上心头。"这就是我曾经读到的东方故事里的场景！"一时间，我的大脑中充满了各种各样的疑问。中国宗教实在是太繁杂了！山下的那座大寺庙里，孔夫子与韦陀菩萨相对而坐。道家学派创始人老子在他自己的庙宇中被供奉在次等的位置上，殿内还有两座佛教神像，而道教中人有三魂的说法已经渗透进了佛教和儒家思想！

就在这时,住持从嘴边拿开冒泡的烟管,开口说话。坐在柳条椅里的我身子微微前倾,仔细聆听这位尊者口中发出的每一个音节。这些音节有板有眼,庄重威严,或许是通神学①的最深层含义!我可能正在接近某种佛学秘密的真相,我激动得颤抖起来!这时声音停止了。

"什么,"我尽量用平缓的语气问道,"师父说什么?"

"他说,"阿周回答,"今年的马铃薯收成很好。"

我笑了,但并不是对着那位年长的住持笑。他给烟管重新灌满了一小碗水,又开始在月光下平静地吸烟。我是对着一位美国人笑,在与中国人日常亲密接触四个月后,他依然在期盼

---

① 研究宗教和神秘学的综合性的宗教哲学,起源于印度、古诺斯替教派和新柏拉图主义教派的哲学体系。——译者注

着新奇与复杂，而这里更多的却是真实与简洁。之后，我放弃了中国宗教的纷繁，向住持打听那座岛。

他说，普陀山起初是佛教圣地，大约在一千年前，也就是晚唐，一位四处游历的印度僧人在海边的一个洞穴里找到了庇护。尽管修建这些庙宇是为了纪念观音这位中国女性的理想化身，但岛上却没有女人。陆地来的朝拜者常常给予大笔捐款，用于修缮新屋顶、复杂的雕刻品和绣花吊饰，神殿和寺庙因此得以为继。捐献者中既有皇帝也有理发师，他们的名字刻在各个寺庙的吊牌上。

过去，中国的帝王每年访岛两次，这是一项正式的礼节；宋太祖无子嗣，曾在山谷中的那座金黄屋顶的宏伟寺庙中的大师前许愿，只要他能生出一个儿子，他愿意将孩子贡献给寺院。终于有一天，优雅、慈悲的观音给这个皇帝送去一个儿子。僧人立刻提醒皇帝履约，然而，既然孩子已经出生，这位父亲便不再愿意与他分离，毕竟，皇朝才是至关重要的！于是，他命手艺人和银匠，用银打造了一个与真人一样大小的男孩，带着他的问候送去寺庙。而此时的僧侣们开始有一丝担心他们的要求是否过于强势，他们认为，毕竟，帝王的儿子可能是他们手中的烫手山芋，于是心满意足地接受了这份礼物。直到今天，它仍完好地保存在寺庙背山高僧的住房内。

"可能看见雕像吗？"我问师父。那位长者沐浴在月光中，吹了吹烟管中的灰，笑了。

"如果你剃掉头发，在头顶印上十二个疤印，成为一位佛教僧人，那样就能轻易地看见了。"他说。

哦——条件还真不少！不过，当两天后，我离开普陀山时，很难说我没有看过真正的银像。

第四篇 小房子

第九章

1

在中国待了好一阵子,我还没有在某个中国家庭里生活过。想要实现这个目标有一些困难,因为上海的中文媒体并不刊登本地的租房信息。阿周告诉我,最好的办法应该是挨家挨户去走,找到那些贴在门边的方形红纸上写的租房启事。于是我们的"找房之旅"开始了。在上海的小路上,我走在前面,一看到方形红纸便指给阿周,然后近视的阿周便慢慢悠悠踱上前来仔细看一看。他站在那儿,耷拉的肩膀上披着笔挺的蓝色棉大衣,那顶他最爱的黑色老毡帽遮盖着他皱纹遍布的脸。接着,他会慢条斯理地向我描述公告上漂亮的毛笔字写的是什么内容。有时纸上写的根本不是"房屋出租"，而是说屋主给福利彩票捐了一笔钱，或者某种日本药丸效果很好，或者是因为家庭成员——一般是女性——出走而张贴出的有奖寻人启事。还有时候，红纸上写的是急聘一位家庭医生，接着便会有一张白纸贴在旁边，告诉他们该去哪里找。

"找房之旅"中很有趣的一点是，有时候我们找到一些写着"空房出租"的启事，接着阿周便会挺起胸，咽一下口水，以轻松活跃的姿势敲敲房门，表现出诚意十足、信心满满的样子。在他解释完自己的来意后，我会现身在房主面前。然而，尽管阿周已经跟这些友善的人们说过想要租房的是一个外国人，他们看到我之后仍会大吃一惊。紧接着，他们会及时反应过来，然后（用中文）说他们想要的房客是女性，或者是一对夫妻，或者是一个信锡克教的警察，或者是其他任意一个他们脑中浮现的人。

"应该很快就能找到了"，阿周会这么安慰我。然后我们便淡淡一笑，继续前往下一个地方。第五天，中国最大的日报上刊登了一篇社评，警告读者不要留宿来历不明的外国人。那篇社评写道，这些外国人会以借住为由躲避警察的追捕！这件事让我有些沮丧，但我们仍继续寻找。也许，在某条偏僻小路上，有一间小屋子……

2

我们最终还是找到了一间房子。那是一座圆顶拱门，然后是一条不太长的弄堂，两侧高墙矗立，每边各有四扇房门，弄堂尽头是一面空墙。除却几只鸡鸭、三两孩童之外，此处的弄堂还比较清静整洁。一张朱红色的纸贴在门口，上面写着左手边第三间房正在招租。我看着眼前窗明几净的景象，心中感到一阵疲惫。如果住家之神愿意高抬贵手让我住下，我将在这里为这段旅途画上句号。

"阿周，"我说，"如果你能搞定这套房子，我就给你五美元。"

我们敲门进去。一对年轻的男女和一位年长的女士正在院子里的饭桌上用餐。见我们进来，他们停下手中碗筷向我们打招呼，阿周迅速介绍我们的来意。不知是由于阿周能言善辩，还是由于十月深秋的好天气，或是由于他们碗中美味的饭菜，抑或是三者兼而有之，总之很快大家便达成共识，允许我这个外国人做这家人的租客。出租的房间在楼上，于是我们跟着那位年轻男士（他名叫李贺）沿着屋后陡峭的楼梯上了二楼。楼上与楼下一样，有两间狭小的房间挤在过道的同一侧,后面那间空屋只有八平方米大小。如果我要放置画板和画布,这间房间会显得太小。此外,这间房间正下方是用作厨房的一间小棚屋,而我在安庆便已受够了熏人的油烟。那前面这间屋子又如何呢?

李贺说,前面这间屋子现在租给了一个吸鸦片的男人,租期五年——不过他会替我们征询一下这位房客的意见。一番商量之后,事情搞定了。那位房客可能是有足够自信自己的鸦片烟能盖过厨房冒上来的烟气,表示非常愿意搬到后屋去住。于是,阿周回到东方大酒店,雇了两个独轮车搬运行李过来。

这条弄堂十分隐蔽。我走出房门时,发现聚集在门口的只有四周的邻居。一个外国人来到这里似乎是一桩十分隆重的事——太隆重了,人们只是窃窃私语。于是我对着身边几个男孩儿微笑。然而,估计是这情景看起来不太像是有什么好事，一位当地警察也走进来看看这是怎么回事。

这是一座狭小的两层小楼。从外门走进来首先是一片封闭式的小庭院，角落还有一个涂了漆的架子，上面摆了三排花草。穿过院子就是客厅，里面靠墙摆放着几张桌椅，正对着客厅入口的墙上挂着一幅家族先辈的画像，画像下面是银色的神龛。房间两侧的墙上各张贴着一副写在橙色纸上的黑色毛笔字对联。客厅后面就是李贺夫妇、他的岳母及小女儿的卧室。平日里，老太太会坐在阳光充沛的花园里，嘴里永远哼着一段歌词神秘的旋律："阿弥陀佛。"每当我经过她时，她都会停下嘴里的小调，用她的方式向我寒暄，我也会愉快地以我的方式做出回应。我们双方显然都互相认可对方讲的话，然后便各自忙自己的事去了。李贺是一位举止友好、讨人喜欢的小伙子，也是宴会、婚礼之上的开心果——他能像吟游诗人一样唱歌颂曲,还能熟稔地演奏笛子、月琴、二胡等乐器。他年轻的妻子绝大部分时间都在忙家务,似乎生活得很无聊。幸亏她常常沉浸于与邻居通宵打麻将,麻将牌清脆的碰撞声可以夜以继日地持续不休。

然而这个家庭里的"东方之珠"其实是他们的小女儿大宗。她身穿修身的白色长裤,裤子盖住了脚踝,看起来像一个波斯公主。胳膊下系着束腰带,使她圆鼓鼓的小身躯与肉嘟嘟的肩膀显出一种难以名状的可爱。她脚穿着一双小红鞋,饰以彩色丝带。椭圆形的脸孔点缀着娇嫩的嘴唇、玫瑰色的红脸颊和棕色的大眼睛,加上微微上挑的眉毛与系着红头带的双马尾,显得尤为迷人。然而她身上最夺睛之处,还是头顶像小精灵一样翘起的一撮头发,随着她的动作上下跃动。即使摩洛克①看到她也一定会瞬间抛却凶相,让她在自己的大胡子中玩耍。她说话时,就像谢赫拉莎德②在用银器般无瑕的声音呢喃《天方夜谭》。坦白地说,我对她"一见钟情"。

要赢得一个五岁中国女孩的芳心,这种说法对我来说可不太合适。我递给她一个大苹果,她却向后退,吮着大拇指,紧张地看着我。事实上,是非常紧张。显然,是我的脸出了问题,它太不同了!于是,我尝试着用一种侦查队的方式来弱化自己的存在——首先是以苹果"打前站",接着我才作为"大部队"现身——结果她依然吮着拇指,嘴唇也开始因害怕而颤抖不已。我及时进行战略撤退,逃上摇摇晃晃的楼梯,才避免把她吓哭。从此以后,但凡我经过

---

① 古巴比伦传说中的恶魔。——译者注
② 古巴比伦传说中的恶魔。——译者注

时她都会将头扭到另一边,直到有一天她终于习惯了我——上帝保佑——与我的脸。

3

在此之前,我画的画大多是中国风光。的确,我也画过安庆那家小旅馆的老板;在京杭大运河上我还速写了一张在船上睡觉的男孩,可坐在我身边的男孩父母对我的行为显得很不满,还要求我用调色刀将画裁下。在返回住家船时我突然意识到自己的行为冒犯了中国的习俗。对中国人而言,只有去世后且经过委托授权,才允许别人给逝者画肖像。逝者的家属会到专业画师的店里去,店里一般有一百多件中国脸孔的照片或木雕。在那里,家属们会选出最像逝者的图片,然后画师会画一张相貌一样、尺寸更大、服饰豪华的逝者肖像交给家属。家属们则会把它挂在家族的牌位边，就像李贺家里的一样。也就是说，为生者作画会给神明与其他人一种强烈的感觉，即这个人已经死了！而某个人可能真的会因这种行为而死去！

与游艇相比，李贺的家似乎是一个更好的工作场所。我决定再次尝试作画，在此之前有两件必行之事：首先是找一个画画的地方，其次是找一个模特。第一个问题很好解决，在弄堂外不远处有几栋老房子。那里曾是孔庙，但现在归临近城市的一个社区关爱组织所有，这个组织负责料理客死上海的乡友们的后事，并将他们的遗体装在厚重的棺材中运回故乡。我获得许可，可以使用两栋房子之间的露天院子。院子里很僻静，只是毗邻的一座小屋中会不时传出制作棺材的噪声。但这里足以作为我的画室。

找模特这个事情，连平时关系甚广的阿周也坦承无能为力。虽然他在上海熟人很多，但没人愿意为了一小时二十美分或者三十、四十美分给自己平添霉运。唯一可行的办法似乎只有在街上四处游荡，待找到适合的对象时再行询问。但我们所得到的答复永远是否定的。被别人画肖像已经很糟了，让一个外国人来画就更别提了，在棺材铺边让一个外国人画肖像——这——还不如去跳苏州河。"我们过世以后才画画像"，他们强调。总之，结果令人沮丧。然而，当所有可能的计划都破灭后，阿周找到我问："你想找个模特，然后给他画画像？"这事儿已经让我忙活好几天了，我颇为生硬地回答他是的。接着阿周的脸上露出一种古怪的、木头般的表情。

"随时可以找到，要多少有多少。"他以我能想到的最平淡的语气讲道。

"那干吗不早说！"冷静！你这个盎格鲁-撒克逊人！冷静！这位好人在过去几个月里以

他的卓越智慧帮你渡过了许多难关，现在他依然热情如昔，只是才刚刚想出一个找到模特的法子，便第一时间告诉你。不过，对于自己没有早点想出好法子，他有些过意不去，所以玩起了一个古老的东方游戏"好面子"。"哪里可以找到模特？"我问道。

"必须到茶馆去找那些成天没事儿的哥们儿，"他说，"一个哥们儿一条街，他就是街上的老大。他认识所有的强盗、乞丐、小偷。只要有人在上海偷了东西，这些哥们儿就可以在三小时内把他找出来。"

"所以你觉得可以在茶馆里找到模特？"

"没错！"他热情地答道，"这些哥们儿不会介意——外国人，魔鬼，啥都行！"撂下这些信心满满的话，他启程去茶馆打探，一小时后带着一个人回来。这人并不像他口中的"哥们儿"，倒是像"哥们儿"的手下——一个五十多岁的矮小男人,瘦得像个衣架,却留着一绺不超过二十五根毛发组成的胡子。在摆了半小时的姿势后,他认为这活儿风险太高,兀自离开了。下一个模特是一个乞丐,他的膝关节太过僵硬以至于只能摆站姿。他的脸是非常典型的中国面孔,站着的样子则像一尊铁人。随着在棺材铺那边做工并不会立刻遭遇灾厄的消息逐渐传开,找模特逐渐容易起来。不过乞丐仍是唯一的模特来源——可能是因为他们已经没什么可失去的东西了。

4

在那个弄堂的小屋中,一个人很容易过上巴斯德-瓦格纳①那种简单的生活。房间很小,

---

① 《天方夜谭》中的苏丹新娘。——译者注

很难过得很讲究。整栋房子只有十二英尺宽，前后不到二十二英尺长。我的房子已经很狭小，阿周来了以后就更挤了。他不愿意将食物放在小棚屋厨房里，于是在我房间找了一个角落，堆满了一篮子一篮子的竹笋、豆芽及其他用得上的食材。有一天晚上我回到家，脸蓦地撞上悬在半空中的什么东西，吓了我一跳——原来是一串挂在临时帽架上的广东香肠。

小屋里的生活似乎永远是这么平静祥和。年轻的音乐家和他的妻子从不吵架，老夫人永远哼着那首不变的歌。而大宗在巷子里玩耍时，不时会在身上带着一些抓伤和乌青回来，不过这对孩子的童年大有裨益。隔壁房间抽鸦片的那位绅士个头不高，头发基本掉光了，年纪大约五十岁。尽管他举止得当，外表看似健康，但很明显他的每一分精力与兴趣都围绕着鸦片。他每天都会购买、调制然后点上鸦片，以一种平静却又令人不安的专注抽吸着那柄烟斗。所有其他事情于他都无关紧要了。

我房间的窗帘只能遮住半截窗户。有时,早晨做完"伸展运动"以后,我打开窗户拉开窗帘,正好会看见巷子对面窗户里有五六个脑袋突然消失。那些住户被我上半截窗户里的奇特景象所吸引——窗帘里面有两条胳膊时隐时现。直到有一天,阿周来到我的房间——他已经对外国习俗见怪不怪了——一改平日里的严肃面容,笑着对我说:"对面的老妇人们都说,'那个外国人肯定是个好人,他祈祷得特别努力。他挥着一尊石膏像,还打碎了一个杯子!'"于是,我那讲究的"伸展运动"也中止了。

之后我就以散步代替晨练。一天早上,我在一家日本商店里看见一只小玩具狗。那时,整个长江流域对日本商品进口还没有采取什么规制措施。当时我认为这只已经坏了的玩具狗似乎可以很好地表达我对那位年轻中国女士的心意——她对我太冷漠了。玩具狗的外面是棕色的，眼睛由鞋扣做成，两条腿是实心的，张得很开，就像德国酒馆里的柱子。人们使劲拍打它的头，让它发出叫声，这一行为似乎是在消除与其国籍联系在一起的偏见。我觉得这只玩具狗当礼物非常合适，因为一想到狭窄的小屋，我便回想起小女孩在楼下曾经发出的哭声。但是阿周，这位尽职的向导，给我带来了坏消息。

"已经坏了。"他说。

"怎么可能？"我问，"这狗没有什么可以坏的地方啊。"

"声音坏了！"阿周说，"敲它头好几下才出声。没多久就会完全发不出声音了！"

不幸——太不幸了！不过我想明白了，美国对中国的善意不应受到其他复杂外交因素的影响。下一件礼物我将选一个完全中国的东西。

5

我又冷静下来思考了一下这只玩具狗。送出一件坏掉的礼物确实很糟糕,但应该还不至于构成信用危机。就在思考的过程中,我买了一只玩具鸭子,实木做的,外面涂上漂亮的漆。我把它放在了屋里的太师椅上,然后悄悄走开。

对那些想给一位不到六岁的中国女孩送礼物的人,我衷心推荐木头鸭子。不多久,我正坐在屋里阅读斯多亚学派爱比克泰德①的书(我发现中餐之后读他的书再合适不过),那位淘气的"谢赫拉莎德"②便出现在我门口,像往常一样探出半个身子,俊俏的小脸上带着微笑。她大胆走进我的房间,就像完全在自己家那样,

---

① 古罗马哲学家,晚期斯多亚学派主要代表之一。——译者注
② 指小女孩大宗。——译者注

很明显那只被她握在手中的小鸭子已经消除了横亘在我们友谊之间的障碍。爱比克泰德的红色皮质封面与镶金边标题并没有吸引她的注意力太久，于是我便给她看我画的上海风景画。她毫无顾忌地看着。后来，她又玩起了手电筒，这个效果更好，我则思忖着下一项娱乐活动。手电（电池）耗尽时，我给她展示了一些长江的照片。不过，只有一张照片——一位中国母亲和她年轻的一家人——吸引了她的注意力。她轻声呢喃着"娘"，也就是中文里"妈妈"的意思。

接下来，她接连把玩了一幅讲述莎士比亚因偷猎而被带至托马斯·露西爵士跟前的画、一个银色的烟盒、一把安全（未开刃）的刀、一副贝壳镶边的眼镜。不过这些物件都没有引起她多大的兴趣，于是她突然跳下座位，自己四处游觅。

6

在我房间的一个角落里立着一幅尚未完成的大幅画作,上面画着三个搬运工在庙前空地玩"划拳"①。这是个看运气的游戏,意大利人管它叫 morra(猜拳)。这幅画还未完全干,我理应预料到麻烦将至——可我没有。

"谢赫拉莎德"微微倾身,像个艺术评论家一样专注地站在那幅画前——背着手,脑袋后仰,双脚跨立,似乎是在一边保持平衡,一边思索评语。

"这位,"我想,"是我见过的最天真烂漫的艺术批评家。"那几位搬运工的特点是否足够明显,她能辨认出来吗?她能否表达自己的感受,根据自己的经历找到与他们的相似之处?

---

① 原文为 hwo-jun。——译者注

她能，而且真的这么做了！眨眼间，她伸出那双粉色的小手使劲抹了抹搬运工的脸，这下他们最亲密的朋友也认不出他们了。接着，在完成了大破坏之后，她对我伸出那只刚刚大显神通的小手，要求我帮她洗干净！我就像"从前有个笨蛋"①一样傻笑着，拿出松节油和肥皂将她的手洗得白白净净。如果她能够知道此刻我心中呼之欲出的那句吉卜林先生②的话——"我们浪费的时间和我们浪费的眼泪"③——我们之间通过小木鸭建立起的约定关系就可以告一段落了。于是，我把她带下楼梯，找她外婆去了。

---

① 拍摄于1915年的一部美国无声电影。——译者注
② 拉迪亚德·吉卜林（Rudyard Kipling），英国小说家、诗人，1865年出生于印度孟买。——译者注
③ 吉卜林的诗歌《吸血鬼》中的一句。——译者注

第十章

1

英语口语建立在英格兰东米德兰①广大地带的方言基础之上。而中国的口语则无根可循。诚然,中国各地的书面汉字都是统一的,但各地发音却可以大相径庭。从语言学角度看,这个幅员辽阔的国家可以分成十几个或者更多的语言区,每个语言区都和其他无数区域之间相互融合。北京、上海、广州三个地区就像纽约、芝加哥与圣塔菲一样,但这三个中国城市的语言差别堪比英语与法语、德语之间的差异。以

---

① 大不列颠及北爱尔兰联合王国(英国)英格兰领土的一部分。位于中部以东一带,东部临海。——译者注

火柴为例,北京人管它叫"洋取灯",上海人管它叫"自来火",广州人则称它为"火柴"。南京距上海不到两百英里,那里的人不管它叫"自来火"而说"洋火"。

方言之间差异巨大,这使我在不同城市的短暂停留期间,想要与当地人寒暄之后多聊几句也变得困难异常。所幸阿周的英语能力弥补了我中文的短板。我很奇怪的是,中国人常常发不好"r"这个音,但阿周发这个音却毫无困难。但也有例外,比如他常把"fruit pie"说成"flute pie",心情激动时会把"very"说成"velley","rice"也经常说错,不过也就是这些。他偶尔也会像弗朗西斯·汤普森①一样进行词源学的即兴创作,不时会将两个词组合在一起变成一个新词。比如把 clever 和 careful

---

① 英国诗人,其作品受济慈和雪莱的影响。——译者注

变成 clayful，把 suitor 和 sweetheart 合成 swaytor，把 jetty——进行行李安检的码头和 duty——在码头组织安检海关人员的职责，合为 jootey。

然而，这些都只是我们迈向更高境界的基石。有时候，当我们讨论中国的风俗习惯时，他会以严肃的目光注视着我，然后用昂扬的嗓音与雄浑的语调"吟诵"他的现代诗。以下随意选了几首。

我有

我有三个弟弟

他们现在

相处得很好

但以前，他们有时带着绞肉机

有时带着小斧头

年轻女士

晚上,很漂亮

早上,像魔鬼

得体的男人

一位得体的男人

住在一间小屋

很久很久

我住在自己的小屋

十四年

女人

女人

麻烦

婴儿

越小

越淘气

2

住进这间小屋以前,我曾遗憾地放弃了使用筷子。那道不可逾越的障碍便是——米饭。中国人吃米饭并不是每次用筷子夹起几粒——那样永远都吃不完——而是把碗凑到嘴边,然后用筷子做旋转运动,把米饭扒拉进嘴里。每一个在小凳子小椅子上吃过美式"日常午餐"的人都知道,吃完一个苹果派甚至是一张肉馅饼的速度有多快。然而吃派的动作不是旋转运动,而是活塞运动。在盎格鲁撒克逊文化中有一种传承至今的禁忌,那就是不得将碗凑到嘴边大口吃食——喜食通心粉的拉丁文化虽然对此没有这样严格的讲究,但也有其他一系列复杂的说法。(中国人吃米饭时手部动作很大,与此相伴随的则是"美声"啜茶法。这种方法掌握得当，便可发出持久不息的声响。如果一个搬运工啜茶的声音在五十码之外听不见，那么他没准是生病了，需要休息照顾。）在我住的那个弄堂，周边饭馆里传出的这些声音比较微弱，主要是因为弄堂本身便已经够吵了。白天，孩子们的哭笑声、狗吠声回响不断，偶尔也会出现猪发出的哼唧声。在我的窗下，这些散发着生命活力的声音则永远是最热闹的。我隔壁屋的笼子里面关着三只公鸡。可惜的是，刚刚成年的它们已经时日不长了，因为它们总是在夜里"歌唱"，因此即将遭遇厄运。毕竟，在中国文化中，半夜鸡叫是不吉利的。至少这对公鸡而言意味着厄运。

按照这里的养狗习惯，弄堂里的狗晚上睡在路中间。这样有人走近时，它们便会蓦地惊醒，然后扯着嗓子吠叫。待来人走远后，它们再回到"哨岗"继续酣睡。每只狗都十分熟悉自己的领地范围，精确至毫厘。如果有体型稍小的其他狗胆敢侵入自己的领地，那便有好戏看了。这些狗其实并不凶狠，只是在睡觉时比较警觉。在长江沿岸的城市中，我通常选择步行而不是乘坐黄包车。而在那些狭窄拥挤的道路上，我还从未被哪只狗咬过，也未见别人被咬。确实，当我走近狗的时候，半英里开外它们就开始叫喊，直到发现我的脚步声听起来与那些喂食者无异时才会停止。但是，它们这种反应只是领地被侵占后的窘迫，不带有任何敌意。它们对此的感受应该比我更差……

白天，小贩们会背着装有糕点、水果、鲜花或蔬菜的篮子漫步走过，以他们独特的叫卖声和竹杠、铜锣的敲打声吸引注意力。也有小贩们两两一组抬着装有印花布的大箱子，挨家挨户地停下，王婆卖瓜地介绍自己的好产品。接着，身材娇小、头发梳得锃亮的家庭主妇们便会穿着保守的高领睡衣,趿拉着拖鞋出来看看他们的商品是不是如夸耀的一般好。但很快,他们就你一言我一语地争吵起来。似乎他们说的话大部分都不像是实话。

总体来看,在棺材铺院子的绘画工作很顺利。很少有超过二十个人同时聚在我的画板前围观,也就是说,在经历过运河上住家船里被大批人群包围淹没的经历之后,这给我的感觉似乎很孤单。从围观群众的反应来看,画画过程总是伴随着几个特定阶段。刚开始动笔时,现场一片安静。渐渐地,随着一些细节特征逐渐清晰起来,会有人开始小声嘀咕,剩下的看客(早已坐在我的腿上或是攀上我的肩膀)则会集体指指点点,完全挡住我的模特——他们非常入迷,也十分好奇,毫无意识地对着我呼吸、咳嗽、打喷嚏。我曾尝试过在头顶撑一顶很低的伞,但基本没用。总会有五六个人挤进伞中坐在我身旁！然而，如果有足够耐心的话，这个阶段也总会过去。只是，我很少能够在这样的状态里保持三分钟不受任何干扰。

我在住家船上画画时，时而会有一些年轻的母亲在观看一阵后返回船舱，骄傲地抱来她们的小婴儿给我看。一般而言，我都会愉快地点头表示恭喜，一如她们期待的那样。（生下男孩尤其值得庆祝，因为日后他们可以照料双亲，也能传宗接代，女孩则不能。）但我偶尔也会——为了看看她们反应如何——对她们的行为置之不理。有一次，一位年轻的妻子等了几分钟后摇头说道："真是个蠢人。居然忙着画画，连男孩儿都注意不到。"此后再未出现过。在棺材铺的那片空地，每天也会有意想不到的小插曲。一天下午，一个女人怀里抱着一个长着斑点的小孩儿哭着走过来，但看见我之后止住哭声好一会儿，打量了我在干什么。那天晚些时候我问阿周，那个抱着孩子的人是谁，发生了什么事。

"唉，"他说道，"真头疼。她家里有三个孩子染上了天花，她以为这个孩子也得了天花！"

3

当模特们休息时，我经常会停下工作观看棺材工们的劳动。棺材在人的一生中扮演非常重要的角色。一个人所能送出或是收到的最够分量的礼物似乎便是棺材。如果一个人的朋友不喜礼尚往来，那人便会自己买个棺材，将它放在家中的显眼位置向来客们炫耀。一开始，这个习俗在我看来十分诡异。不过后来我想了想，感觉人们终将习惯于以友好的方式面对这块坚固精致、六英寸宽的木头，然后自忖道，"那么，这里就是有朝一日储存着我腐朽身躯的小屋。"可以想象出——我这个身体健康的大活人也会这么做——那些给自己置办棺材的人甚至会充满深情地拍拍这拍拍那,仔细察看它有没有裂缝。我只是一时忘记了诺亚·韦伯斯特①对人下过一个最著名的定义。他说,人就是一些游戏——比如跳棋和国际象棋——的对象之一。

正值中秋节,在十月初清新怡人的空气中,这座城市似乎醒了过来。条幅在阳光中闪耀,喜庆的装饰一夜间遍及大街小巷。夏季的白色服饰变成了蓝色的、灰色的、棕色的、绿色的丝制衣着,和煦灿烂的阳光下奏起了色彩斑斓的大合唱。节日气氛很浓。到处都能听到愉悦动人的二胡琴声。人们还清欠债,互赠美味的烤栗子和月饼。再过四周,我搭乘过的蒸汽船

---

① 美国词典编纂家。——译者注

"亚洲皇后号"就将启程返航。我也投身进这狂欢中,吃了几块月饼……

4

之后有一天,阳光明媚,天气宜人。我的右侧下腹感到了一阵疼痛——一阵微弱不易察觉但却持续不断的疼痛。一开始我拒绝去在意它,"少来了!"我对痛处说,"你就会吓唬人!"但疼痛依旧。在后来的两个星期里,我既无心享受阳光也不能欣赏节日装饰了。我以土司夹荷包蛋为食,感觉每天有四十八小时那么长。即使是在棺材铺边的院子里画画也无法再让我打起精神,一排排整齐、黑色、光亮的棺材从眼前经过时我也无心留意——我唯一记住的就是为这最后一篇起名"小屋子"。为什么我要这么称呼它?在这么多悲伤的标题中,我偏偏选了这个——小屋子!

最后,当一切确定无疑时,我来到了上海圣卢克医院找塔克医生求诊。

"没错,"塔克医生说道,"在我看来,就是这么回事。"

5

两周以后——10月27日晚8点35分,我再次坐在了李贺家中的小房间里。月亮一如往常悬在黄浦江上,将光芒洒在绵延开去的瓦房顶上。附近院子里传来一阵中国笛声,给月夜带来清脆的旋律。这是东方的夜,中国的夜。

但事情有些不对劲。我感到中国的魅力,即使没有被破坏殆尽,也已有所消失了。两星期以来,医院看护、白衣护士、法国料理、席梦思床垫还有种种舒适的感觉都把我对中国的好印象全面打消殆尽。我已忘记睡在铺盖卷上（铺盖卷下面是三块宽木板拼凑起的床板）的那种静怡心境。即使是"谢赫拉莎德"用力敲打着我央求我的拥抱，也不再能唤起我回到家中的感觉。此时，刺鼻的烟气穿过木板从隔壁房间传来。那位抽鸦片的先生已经持续烤制鸦片——一次三美元——两天了。鸦片烟的味道在习惯以后并不恼人，但生鸦片烤制过程中发出的气味无论如何都无法让人把它和紫罗兰或是水仙花联系在一起。于是，我起身到窗前呼吸一些新鲜空气，路过桌边时看了看手表。现在是晚上8点37分，突然——没有任何提示——一阵鞭炮声蓦地响彻整座城市。喧闹的声浪席卷了每一条马路，每一条弄堂。我把头伸出窗外四下查看，发现即使如此闹腾，一切仍如往常一般平静。我又抬头看向天空——终于明白这是怎么回事。月亮不一样了！在它的下沿，一撇看起来脏乎乎的淡黄色新月正在悄然生长，缓慢地侵蚀那张温柔的脸庞。难怪鞭炮巨响、锣鼓喧天！每个中国的孩子都清楚正在发生的这个事：

嫦娥

后羿的妻子

从她善良的丈夫那里偷了一些仙丹

长寿仙丹

然后逃向了月亮

邪恶的老妇人

变成一只蟾蜍

现在她坐在长寿夜中

在月亮上

邪恶的老太婆

会咬一口月亮

有时候吞下每一口

一边敲木鱼，一边吟唱

一边敲锣发出咣当响

如果你发出声音，不久之后

她就会把月亮还给你

到了9点25分，月亮的所有光芒都消失了。一轮空月挂在天空，像是一个棕色大芜菁的底部，只有中心稍有一点亮色，那里就是根部所在的位置。现在正是敲木鱼大声吟唱的时候！现在正是驱赶蟾蜍的时候。一起来——就是现在！鞭炮声沸腾达到极致，夜晚仿佛要融化为一潭声浪之海。邻家的女人们冲上阳台，捂着耳朵放声大笑，狗在吠叫、婴儿在啼哭、男孩子们吹起口哨。每个人都兴奋地笑着——除了后屋那位鸦片男士，只有死亡才能将他从每日的迷梦中拽出。突然间，一声雀跃的欢呼同时在城市的每个角落响起，大家看到了一线亮光从月盘底部浮现出来。蟾蜍放弃了它的美餐!

我心满意足地躺倒在李贺家的屋檐下,渐渐睡去。硬板床睡着有什么问题?中国的魅力回来了!

6

我现在可以说:"中国的魅力的确回来了。"——昨晚月食的时候,它就在我身边不远处。明天"亚洲皇后号"驶出长江口,驶向故乡时,它也不会远离我。现在,我还有一点时间能最后去外滩散一次步,看看那些从各国驶来停泊在此的船只。

与阿周和小公主大宗作别后,我们离开弄堂,很快来到了苏州河。河面横跨着几座桥,各式各样的帆船与住家船遍布在阳光下闪闪发亮的河面上。码头边河岸上来了一队独轮车,车上堆叠的油布包高达七八英尺，几乎把那些拼尽全力的车夫们吞没了。有一个包破了一个小口，里面白色闪亮的蚕茧露了出来。这些包裹正在送往河上的帆船，然后将被运去丝织厂。在那里，有几千名女工，她们接受了世界上最精细的手工培训，从蚕茧上抽出一兜又一兜的丝线。我们望着那些手推车，差点被一位弓着身子、跪在人行道边的妇女绊倒。她身下有一小摊水，正是她脸上坠下的一滴滴眼泪汇聚而成。我从未见过眼泪汇成一摊水洼——那一定会是个令人惊讶的过程——不过我见过男人或女人大哭不止，显然如果一次哭上个几小时，就会形成一个令人同情的水池了。

人行道边有一群做缝纫的妇女正在缝补衣服。她们中有一些人头上裹着一圈黑色的、一英寸见宽的布条来防止头疼——这些装饰让我想起一本破旧的《格列佛游记》中的一些非常漂亮的古老版画。不过这些女人在忙着做补丁，修补好搬运工裤子上的绽口她们会收取两美分。裤子是黑的，补丁却是蓝的，但无论是她们还是顾客对此都毫不在意。只有裤子上的破洞本身才是不体面的！她们边上站着一个男孩，胳膊上有一排四个接种疫苗得来的疤痕，他的家人似乎对天花异常警惕。男孩胳膊上有一处伤口，上面贴着一块粉色膏药状的东西。不幸的是，那并不是膏药，而是半块粉色香烟盒。我们还能清晰地辨出盒子上金色的字样"红宝石皇后"①！

五六个顽皮的小男孩在河边玩耍，每个人都戴着一只耳环。据说这是为了让魔鬼误以为他们是女孩，因为比起男孩，魔鬼对不能养老送终的女孩的兴趣并不大。这些小男孩精力充

---

① 民国时期的英国香烟品牌。——译者注

沛,当有外国人走过时,他们会互相推搡并笑道:"你叔叔刚路过!"不过这些只是孩子们之间的打闹罢了。我不能忘记的是,曾经有一位中国大使在波托马克河①边散步,结果我们有一位年轻人站在对岸的堤石上大喊:"你好,约翰!你来洗白白吗?"

在一个路口,我们被对面的一辆有轨电车吸引住了。你也许很熟悉芝加哥的"环线",或是巴黎的都市电车,或是纽约的城乡通勤巴士。在每天固定的几个钟头里,这些现代社会的人们会变回微笑的野蛮人,为争夺谁先上车而你拥我挤,就像罐头里拥挤的沙丁鱼一样。然而,在这里,你会呆立在原地注视着眼前中国人挤电车的情景。如果普里斯顿的罗帕教练或是哈佛的费舍尔教练在我身旁,他们一定会伫立观

---

① 美国中东部最重要的河流,位于马里兰州。——译者注

察，然后据此想出一堆下赛季橄榄球比赛里迂回进攻与滑步突破的好战术。

正当上下车人流拥挤达到顶峰之时，驾驶员按响了喇叭，以示他已经准备开车了。车子缓缓加速，后面还继续拖着长长一条人流，像是一群工蜂在追随着蜂后。一位身材健硕、长相英俊的男士和他靓丽的妻子以及两个孩子在喇叭鸣响时正身处队伍前列，一个孩子甚至已经身处车厢中，而妈妈也正在准备迈步上车。车子开动后，她从人群里挣脱出来，一边跟随着车子奔跑，一边伸手想把被挤在乘客腿间的孩子拽出来。就在这时，那位英勇的男士一跃登上电车，掰开母亲与孩子紧握着的手，将孩子从乘客腿中拽出来，然后又从车上跳下。在完成这一连串动作的过程中，那位男士奇迹般地维持住了身体平衡。对一个美国家庭来说，这么糟糕的一段经历一定会毁了大家一天的心情。但这些中国人——又一辆车来啦！他们抓起落在路口的另一个孩子，开始向车厢冲去，喘着粗气却依然面带微笑。

7

我们继续沿着苏州河边的大道散步，终于来到了外滩。此处是公共公园，沿着小径种植着秀美的花草树木。我们坐在一条长椅上，看着远处的码头、工地、棉纺厂和船坞。我们面前的这片宽阔水域上，有着令人惊叹的航运系统。但是我却在想着别的事。我在弄堂那座小屋里一直在构思一本书。不是关于达官显贵们的，而是关于普通人——船夫、车夫还有那些小屋子里的居民——他们身上俯拾皆是的幽默、简单、善良。这本书我已经写完了，望着眼前的江水，我却感到一种遗憾与满足相互交织地萦绕在心头。我是说——所见所闻的一切已经足够让这本书诞生了。该走了,我心中想着,一个人不能在这远方国度的河岸边一直这么坐下去。

不能吗?码头上及时响起了船夫热情而嘹亮的歌声,仿佛在颂唱着一场热情、动人的冒险。船帆已经扬起,上海的秋风将带他们驶离这座城市,直至海的远方。

图书在版编目(CIP)数据

环绕上海 /〔美〕哈罗德·师克明(Harold Speakman)著；殷鹏译. —深圳：海天出版社，2018.1
（寻找中国 / 李辉主编）
ISBN 978-7-5507-2218-7

Ⅰ.①环… Ⅱ.①哈…②殷… Ⅲ.①游记—作品集—美国—现代 Ⅳ.①I712.65

中国版本图书馆CIP数据核字(2017)第302649号

环绕上海
HUANRAO SHANGHAI

出品人	聂雄前
出版策划	张小娟
责任编辑	曾韬荔
责任技编	蔡梅琴
装帧设计	自留地

出版发行	海天出版社
地　　址	深圳市彩田南路海天综合大厦　(518033)
网　　址	www.htph.com.cn
订购电话	0755-83460397(批发)　83460239(邮购)
排版制作	深圳市龙墨文化传播有限公司（电话：0755-83461000）
印　　刷	深圳市新联美术印刷有限公司
开　　本	787mm×1092mm　1/32
印　　张	8
字　　数	100千
版　　次	2018年1月第1版
印　　次	2018年1月第1次
定　　价	40.00元

海天版图书版权所有，侵权必究。
海天版图书凡有印装质量问题，请随时向承印厂调换。